高等职业教育财务会计类专业新形态一体化教材

区块链会计虚拟仿真实训教程

基于知链

姚培荣　刘全宝◎主　编
孙来福　张海滨◎副主编

清华大学出版社
北京

内 容 简 介

区块链会计是基于业、财、税、法一体的新一代复合型会计人才培养方向，本实训教程能够使学生掌握区块链前沿技术，实现从财务核算向财务管理、财务决策，从传统型会计向战略型会计的转型。

本实训教程基于区块链分布式存储、智能合约、不可篡改、可溯源等技术特点，着眼于让学生掌握区块链会计基础知识，培养其应用区块链原理，准确分析会计行业中存在的业务流程烦琐、业务信息不对称、数据篡改等会计问题，并应用区块链设计方法进行业务技术结合的分析与设计，使学生逐步具备应用区块链技术解决企业业务流程中存在的实际问题的能力。为了满足实训需要，书后附录提供了链上采购业务实训报告相关表格。

本书既可作为高等职业院校财务会计类专业学生用书，又可作为社会相关人员培训用书。

图书在版编目（CIP）数据

区块链会计虚拟仿真实训教程：基于知链 / 姚培荣，刘全宝主编. --北京：清华大学出版社，2025.5.
（高等职业教育财务会计类专业新形态一体化教材）. -- ISBN 978-7-302-69144-0

Ⅰ.F232

中国国家版本馆 CIP 数据核字第 2025WY1899 号

责任编辑：刘士平
封面设计：张鑫洋
责任校对：刘 静
责任印制：杨 艳

出版发行：清华大学出版社
    网　　址：https://www.tup.com.cn，https://www.wqxuetang.com
    地　　址：北京清华大学学研大厦 A 座　　邮　　编：100084
    社 总 机：010-83470000　　邮　　购：010-62786544
    投稿与读者服务：010-62776969，c-service@tup.tsinghua.edu.cn
    质量反馈：010-62772015，zhiliang@tup.tsinghua.edu.cn
    课件下载：https://www.tup.com.cn，010-83470410
印 装 者：三河市铭诚印务有限公司
经　　销：全国新华书店
开　　本：185mm×260mm　　印　　张：9.25　　字　　数：223 千字
版　　次：2025 年 7 月第 1 版　　印　　次：2025 年 7 月第 1 次印刷
定　　价：39.00 元

产品编号：107474-01

前言
Foreword

党的二十大报告提出要"加快发展数字经济,促进数字经济和实体经济深度融合"。"十四五"规划强调要加快数字化发展,建设"数字中国"迎接数字时代,激活数据要素潜能,推进网络强国建设,加快建设数字经济、数字社会、数字政府,以数字化转型整体驱动生产方式、生活方式和治理方式变革。发展数字经济成为中国未来经济"双循环"的重要引擎,企业进行数字化和智能化转型已然成为全球共识。

伴随数字经济时期的到来,区块链技术成为各界关注的焦点。作为全新的分布式账本,存储其中的数据具有难篡改性、可追溯性和匿名性等特征,这与会计信息的真实可靠、可追溯、信息安全保密等要求有着高度的一致性。因此,将区块链技术运用于会计领域,为会计行业提供新型的信任机制,推动会计领域的颠覆性创新,成为会计层面普遍关注的核心议题。将区块链技术引入课堂,使学生在学习区块链知识后,快速掌握区块链技术对商业模式的改变和应用价值,这不仅能使学生快速与社会接轨,还会加深他们对技术的理解,锻炼分析与解决问题的能力,引导思维,使学生跟上科技创新的进程和技术发展的步伐,从而顺应新一代科技改革的浪潮。

区块链作为一种变革性新兴技术,正席卷着社会经济的各个领域,大数据时代正从"互联网+"向"区块链+"的方向转变和发展,区块链技术必将为会计领域带来变革。通过对"区块链+会计"的实践研究,我们发现区块链应用于会计领域存在缺乏复合型人才、安全监管不足、落地困难、会计准则不可比等挑战。我们依托前沿的区块链大会计虚拟仿真平台,通过在高职院校开设区块链会计实训课程,采用创新思维,将技术与业务、财务、税务融合等方法,重构课程体系,推动人才培养模式创新,以便更好地推进"区块链+会计"的实施与应用。

区块链会计虚拟仿真实训教程以区块链技术创新应用于财会领域为目标,着眼于让学生掌握区块链会计基础知识,培养其应用区块链原理,准确分析会计行业中存在的业务流程烦琐、业务信息不对称、数据篡改等问题的能力;通过应用区块链技术进行业务技术的分析与设计,使学生逐步具备应用区块链技术解决企业业务流程中存在的实际问题的能力。通过本书的实训,使学生掌握区块链会计的基础知识,熟悉区块链的概念、基本原理及对会计业务的影响;熟悉联盟链的运行原理与构建过程,具备构建联盟链的能力,能够在联盟链上进行业务场景的设计与搭建;掌握联盟链在会计中的应用,具备联盟链在财会应用中的设计能力，能够为企业提出构建联盟链＋财会应用的可行性方案，同时培养学生的创新思维和创新能力。

本书在编写过程中集中体现"三对接三驱动"，即以课证融通为出发点，对接行业发展；以职业能力为本位，对接岗位需求；以行动导向为主线，对接工作过程；以典型项目为主体，驱动课堂教学实施；以立体化资源为辅助，提升课堂教学效果；以校企合作为原则，驱动技能型人才培养。本书在理论阐述到位的基础上，真正做到项目化实施，任务化驱动，理实一体。它主要有以下几个特点。

（1）以课证融通为出发点，对接行业发展：本书参考国家专业教学标准，围绕课证融通模块化课程体系，对接行业发展的新知识、新技术、新工艺和新方法，改革传统的教学课程。

（2）以职业能力为本位，对接岗位需求：本书强调以能力作为教学的基础，将所从事行业应具备的职业能力作为教材内容的最小组织单元，培养岗位群所需职业能力。

（3）以行动导向为主线，对接工作过程：本书优选行业中的典型应用场景，遵循"咨询、计划、决策、实施、检查、评价"这一完整的工作过程序列，强化实践能力，使学生在"动手"实践中形成职业能力。

（4）以典型项目为主体，驱动课堂教学实施：本书将岗位典型工作任务与行业真实应用相结合，学生在任务实施的过程中，掌握完成典型工作任务所需的职业能力。

（5）以立体化资源为辅助，驱动课堂教学效果：本书配套了丰富的信息化资源，包括课程标准、教学大纲、PPT、教案、微课（理论动画、实操视频）、题库、考试样卷、参考代码、工具包等。

（6）以校企合作为原则，驱动应用型人才培养：本书由山东经贸职业学院与北京知链科技有限公司联合开发，结合院校教材开发和教学实施的经验，发挥企业对于岗位需求和专业技能的把控能力，保证教材的适应性与可行性。

本书在指导学生进行联盟链商业社会构建的实训过程中，创新性地渗透了融"业、财、税、法"为一体的新一代复合型会计人才培养理念，并强调中小企业"业、财、税、法四位一体"思维转变才是管理者主动适应新时代的有效路径。"业、财、税、法四位一体"是一种新趋势，从管理协同视角出发，将法务元素同时引入"业、财、税"，会产生"业、财、法、税四位一体"的聚变效应。"业、财、税、法四位一体"是指企业根据现代财税管理要求，通过数据挖掘、信息传播、信息共享的科技手段，有机融合业务、财务、税务、法务活动，在合法经营的基础上，利用财务手段、税收政策、法律工具等，从规划、决策、组织、控制和评价等方面全面提升效率、降低成本，实现企业价值最大化的管理协同行为。

"业、财、税、法四位一体"体现的是一种管理协同思维，强调的是一种基于风险控制导向的场景融合与部门协同。概言之，"业、财、税、法四位一体"思想为企业的交易结构设计、财税合规、价值创造提供了稳固的奠基石，成为新时代管理变革与技术进步的新引擎。在企业价值最大化目标导向下，业务、财务、税务、法务四个部门要不断交流、协商、权衡，并形成四方制衡下的最优方案。而这种交流、协商、权衡形成最优方案的过程，就是"业、财、法、税四位一体"的实现过程。

在基于区块链技术的采购业务分析与处理、基于区块链技术的销售业务分析与处理、基于区块链合约技术的费用报销分析与处理、基于区块链社会环境的纳税申报等实训之后，我们有意在以后的教育教学和实践活动中，进一步探讨利用大数据、区块链、云计算驱动数据洪流，借用区块链中智能合约的概念，形成底层业务、财务、法务、税务等诸多层面各类证据链的支撑，从而驱动合规验证、事中监督、国际结算、绩效评价、业务挖掘等工作的开展，并使之趋于规范化、数字化、流程化、合规化，这也是我们下一步研究的重点。

　　本书为校企双元合作编写教材，由山东经贸职业学院姚培荣、北京知链科技有限公司总裁刘全宝担任主编，山东交通职业学院孙来福、山东知链信息科技有限公司副总经理张海滨担任副主编。全书由山东农业工程学院商学院陈爱伟教授进行了审稿。

　　本书适合作为财经商贸类各专业教材，同时也可供学生自学或相关人员参考。

　　本书的出版得到了清华大学出版社的大力支持，同时还要感谢北京知链科技有限公司提供的帮助。本书配套实训平台——区块链会计虚拟仿真实训平台由北京知链科技有限公司提供。

　　本书在编写过程中参阅、借鉴了大量的文献资料，在此谨向作者们表示衷心的感谢。由于水平有限，难免会出现错误或不妥之处，敬请各位专家、同行们和广大读者批评指正。

编者

2025 年 4 月

目录
Contents

课 前 准 备

1 学 员 分 组

课程将以班级为单位展开教学,且每一个班级最多能够同时支持 12 个小组,共 60 人同时上课。每个小组成员建议 3～5 人,在实训之前,需要先确定学员小组,包括小组人数及每个小组的组长。

2 加 入 班 级

学生使用学生账号登录平台后,在邀请码输入框中输入教师下方的邀请码,单击后方的【搜索】按钮,在页面下方出现需要加入的班级,单击【进入班级】。

第一次进入班级后,将自动弹出班级小组页面,新加入的学员需按照课前分配好的小组信息加入小组。

各小组组长首先选中自己的小组,单击【成为组长】按钮,输入小组邀请码,成为小组组长。

组长成功加入小组后,组员选择标有【暂无选择】的位置,单击【上岗】按钮,依次完成加入小组的操作,然后单击页面下方的【开始学习】,将进入课程首页,此时即表示成功加入教学班级。

3 课程操作简介

课程首页左侧为课程章节,一共七章;右侧为章节讲次,单击右侧的数字编码,能够快速跳转到对应章节的讲次页面,进一步单击章节中的章节讲次,即可进入该讲次的课程学习主页。

学习主页左侧为学习任务列表,右侧为当前学习任务的学习指导、学习资源与模拟操作。

单击学习主页右上角的【测试题】按钮,打开当前学习任务的测试题,依次回答测试题后,单击测试题下方的【提交】按钮,则完成对本任务的学习。

单击学生主页左上角的讲次名称,打开当前章节讲次详情,单击讲次名称,切换学习讲次,学生依次完成对所有讲次的学习,则完成本章节的学习。

在完成第 1 章的学习后,单击菜单栏中的【首页】按钮,返回到课程主页,单击右侧的数字编码,选择并单击后续章节的讲次,依次完成课程内容的学习。

第 1 章 区块链与会计

1.1 课程导入

学习目标

（1）了解区块链会计整体课程内容。

（2）掌握区块链会计平台中的基本操作。

1.1.1 课程简介

⊕ 讲解内容

区块链会计是基于业财技一体的新一代复合型会计人才培养方向。通过本课程的学习，学生能够掌握区块链前沿技术，实现从财务核算向财务管理、财务决策的跨越，以及从传统型会计向战略型会计的转型。

本课程基于区块链分布式存储、智能合约、不可篡改、溯源等技术特点，针对企业典型业务财务在业务流、资金流、信息流中存在的业务痛点，通过课程中的联盟链技术平台完成对业务财务的区块链优化实训与链上财务处理，使学生感受到区块链技术对企业业务运行效率、企业运营治理质量的提升。

本课程的主要任务是通过课堂教学、实验教学及学生自主探究等环节，培养学生的创新意识与能力，并提升他们在区块链技术方面的应用能力。本课程的目标如下。

（1）理解区块链技术的基本概念与技术特点。

（2）理解区块链技术特点在会计中的应用价值。

（3）掌握使用联盟链构建链上商业环境的技术方法、原理。

（4）掌握企业业务上链的技术实现方法，具备在联盟链商业环境中构建企业业务的能力。

（5）具备对链上业务进行财务处理的能力，并能够领悟、总结区块链技术对企业业务流程、资金流转、信息传输带来的变革。

课程一共包括6章，具体内容如下。

第1章：区块链与会计，使学生掌握区块链与会计融合的基础知识，解决学生对新型技术与专业融合的认知问题。

第2章：联盟链商业社会构建，使学生掌握企业上链的全过程，为后续业务上链提供基础环境，解决学生对区块链运行原理难以领会的问题。

第 3 至第 6 章:业务区块链化过程,提取企业四大常见业务类型——采、销、费、税,使学生准确分析企业存在的业务流程烦琐、业务信息不对称、数据篡改等会计问题。通过应用区块链原理,进行业技术融合的分析与设计,并进行链上业务的会计处理,使学生掌握业务上链与链上业务处理的全过程,解决学生无法将区块链技术应用到实际业务中的问题。

🖥 **平台操作**

本章的任务为理论学习,学生进入本任务后,应认真阅读当前任务中的学习资源,随后完成配套的学习测试题完成测试后,单击右侧的【完成】按钮即可。

📋 **任务试题**

1. 2019 年 10 月 24 日,中共中央总书记习近平强调,我们要把( )作为核心技术自主创新的重要突破口,明确主攻方向,加大投入力度。

    A. 人工智能   B. 大数据   C. 区块链   D. 云计算

2. 分布式账本技术背景下的注册会计师财务报表审计,主要是基于( )的审计,其数据是在各自的节点进行核查的。

    A. 传统账本技术   B. 分布式账本技术

    C. 集中式账本技术   C. 自动化账本技术

3. 区块链技术的出现,是互联网发展的一大创新,它颠覆了传统的经由( )才可达成的交易模式,建成了( )的交易机制,这就要求会计人才要有创新精神。

    A. 第三方中介、个体   B. 保险公司、单方信任

    C. 第三方中介、多方信任   D. 无中介、多方信任

1.1.2 学习平台操作指南

🖥 **平台操作**

本章任务为理论学习,学生进入本任务后,应认真阅读当前任务中的学习资源,并熟悉平台的操作步骤(见图 1-1)。在完成本任务试题后,切换到"区块链简介"讲次中继续后续的学习。

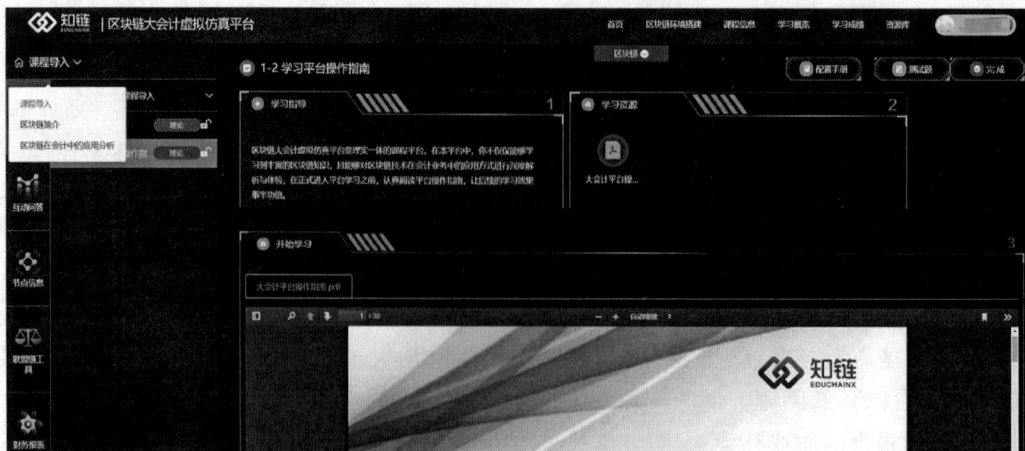

图 1-1　平台操作指南

📋 **任务试题**

在本系统中查看某一岗位人员私钥的方法是(　　　)。

A. 在互动问答中询问对方　　　　　　B. 在联盟链工具系统的组织信息中查看

C. 在节点信息中查看　　　　　　　　D. 在小组中查看

1.2　区块链简介

1.2.1　区块链的由来

🌐 **讲解内容**

1. 从流水账到分布式账本

提到区块链,最先想到的词汇应该是"分布式账本"。那么,什么是区块链? 而分布式账本技术又是怎么产生的呢? 下面通过科学技术的发展历史为大家讲述。

在数万年以前,人类还没有发明文字,每天靠打猎为生,每天打到多少猎物,吃了多少猎物,全凭人的记忆来记录。刚开始由于打到的猎物不多,人们还能记得住。但是,随着人类使用的武器逐步升级,打到的猎物越来越多,剩余的猎物也越来越多,人们发现单靠脑力计数已经不能很好地记住猎物的数量了,因此需要使用其他形式来记录这些信息。于是,人们发明了简单刻画和直观绘图两种方法,用来记录猎物数量并描绘场景。这时候,其实已经产生了记账的萌芽。后来,人们需要记录的东西越来越多,刻画与绘图已经无法满足需求的变化,于是出现了结绳记事的方法。结绳记事对记录对象、数量变化、最终结果都有了明确的表现。结绳记事已经表现出账本记录的几个基本原理。因此,从某种意义上讲,结绳记事已经算是账本的起源。后来,人们的生产水平越来越高,物品的剩余越来越多,文字也随即被发明出来,人们开始使用文字叙述式的记录法,将收支事项按照时间的发生顺序记录下来,这就形成了流水账。而到了公元前 5 世纪,古希腊在流水账的基础上发展出了日记账和现金出纳账,也就是按时间、物品名、人名、货币资金等分别进行设置,类似于现代的账户记录方式。这种记账方式就是单式记账法,再往后发展,才出现了流通相对广泛的复式记账法。

复式记账法在中国起源于明末清初的龙门账,之后发展成四角账;西方的复式记账法则出现在 12—13 世纪。复式记账法不仅能够核算经营成本,还可以分化出利润和资本,保证了企业经营的持续性。到了 19 世纪,信息技术爆发式发展,企业的所有者和经营者不再是同一个人,这导致大家都有看账本的需求,而且需要处理的工作也越来越多。随着记账需求的增加,企业经营者与企业所有者因账目而引发的信任危机逐渐显现。为了解决这一问题,企业便雇用一位经营者和所有者双方都信任的第三方开始记账,从而催生了会计这一职业。而计算机技术的出现使会计行业走向了一个新的纪元——会计电算化。

到了 21 世纪,信息化、数据化、智能化手段使记账手段不断完善和创新,但是仍然存在信息不对称及信用问题。例如,你是否怀疑会计师事务所和公司勾结做假账?面对这样一个问题,区块链技术给出了一个解决方案——分布式账本。

那么区块链具体诞生于什么时间呢?2008年,美国次贷危机引发全球金融危机,各国政府加印钞票刺激财政,导致民众对银行的信任度大幅降低,从而暴露当时金融体系严重失衡的问题。基于这一背景,2008年10月31日,有人以"中本聪"为化名在一个密码学评论组上发表了一篇题为《比特币:一种点对点的电子现金系统》的论文。在本篇论文中,"中本聪"提出了两个全新的概念,一个是"比特币",另一个就是比特币的底层技术"区块链"。由此,比特币诞生,而区块链作为比特币的底层支撑也就此诞生。

由于比特币的火爆,区块链也快速进入了人们的视野。人们很容易将区块链与比特币之间画上等号,但是这个认知是不正确的。区块链是一种底层技术,而比特币是基于这种底层技术的一种应用,这就好比区块链类似我们日常熟知的 iOS 或 Windows 计算机系统,而比特币就类似系统中的微信或者 QQ 等应用。区块链的应用范围远大于比特币,把它们之间简单地画上等号是很不严谨的。

2. 区块链思维

根据官方给出的定义,区块链是一种共享的分布式账本技术,它融合了分布式数据存储、点对点传输、共识机制、加密算法等计算机技术的新型应用模式。下面将从两个方面来理解区块链。

(1)从数据的角度来看,区块链是一种几乎不可能被更改的分布式数据库。这里的"分布式"不仅体现为数据的分布式存储,也体现为数据的分布式记录(即由系统参与者共同维护)。

(2)从技术的角度来看,区块链并不是一种单一的技术,而是多种技术整合的结果。这些技术以新的结构组合在一起,形成了一种新的数据记录、存储和表达的方式。

区块链的诞生不仅是对多种技术的创新应用,更带给人们全新的思维模式。其中最具有特点的区块链思维主要包括以下几个方面。

(1)共识性思维。这里通过一个场景来进行说明:与其把钱放在瑞士银行中,不如通过区块链技术让全世界的人都认同这笔钱是"我"的。

在传统的思维模式中,将重要的资产放在公认最安全的瑞士银行,往往被认为是安全的。但是从区块链思维来看,瑞士银行也是一个中心化的机构,因此存在着中心化的风险,如银行破产等。而区块链思维则是通过一种密码学手段生成基于自己身份的唯一标识,并且能够被全世界的人们简单地验证其归属。然后,人们只需将这个唯一标识附加到贵重资产上,无论资产放在何处,都不会丢失(因为所有人都能够通过唯一标识对资产的归属人进行识别)。

(2)分布式思维。这种思维认为重要的东西分开存储远比集中存储安全得多。这就好比作者写好了一篇论文,为了防止论文丢失,通常会将论文存储在多个地方,如个人计算机、U 盘和云盘。这些设备之间就构成了分布式的关系。区块链的分布式更为独特,它不仅实现了数据的分布式存储,还超越了所有权的分布。这就好比每位舍友的计算机、U 盘和云盘中都存储一份某同学的论文副本,在不考虑隐私性问题的情况下(区块链使用密码学技术解决这类问题),论文将更加安全。

（3）程序化思维。这种思维认为程序比人类更靠谱。对于人类来说，虽然处理一些小事时，重复百遍千遍可能没问题，但一旦需要重复上万遍时，就难免会出现失误。基于区块链思维，就可以把这种重复性高、附加值低的事情交给程序来执行，而程序不会出错。

3. 区块链的发展历程

区块链自 2008 年诞生以来，随着其在行业领域中的应用范围逐步扩大，可以把区块链的发展历程分为 3 个时代：可编程货币时代、可编程金融时代与可编程社会时代。

（1）可编程货币时代：在这个时代，区块链主要应用于加密货币的发行，比特币就是这个时代最典型的代表。

（2）可编程金融时代：在这个时代，区块链智能合约技术开始进入金融领域，在股权、证券和保险等金融领域有了全新的应用。

（3）可编程社会时代：在这个时代，区块链的应用不再局限于金融领域，而是渗透到社会的各行各业中，如身份认证、投票、公证、司法仲裁等。同时，区块链在会计领域的应用也属于这个时代的产物。

📋 任务试题

1. 区块链技术下的数据交易会"线上加密"，会计核算信息的传导不再是点对点的形式，而是（　　）传导。

　　A. 点对点的形式　　　　　　　　B. 点对网的形式

　　C. 网对点的形式　　　　　　　　D. 网对网的形式

2. （　　）特征可实现审计人员直接访问区块中的有效信息、实时调阅所需审计的会计账目。

　　A. 时间戳签名　　　　　　　　　B. 分布式记账

　　C. 哈希加密　　　　　　　　　　D. 智能合约

3. 在区块链上开账户不需要任何人的许可，只需要用非对称的密码学算法生成一对（　　），这个账户就开通完成了。

　　A. 指纹验证　　　　　　　　　　B. 密文

　　C. 数字密码　　　　　　　　　　D. 公钥、私钥

4. 下列选项中没有体现分布式账本现有的优势的是（　　）。

　　A. 无中心化的记账　　　　　　　B. 信息维度更多

　　C. 开户者无特定对象　　　　　　D. 加强第三方的权利

1.2.2　区块链的技术特点

🌐 讲解内容

区块链的主要技术特征包括：不可篡改与可溯源、弱中心化、交易透明、双方匿名、集体维护与智能处理。

通过对这些特征与区块链的组成技术进行分析，可以得出表 1-1。

表 1-1　区块链主要技术特征

主 要 特 征	技 术 支 撑
不可篡改与可溯源	哈希(Hash)、区块与链式结构
弱中心化	P2P
交易透明	分布式存储
双方匿名	非对称加密
集体维护	共识机制与激励机制
智能处理	智能合约

1. 哈希、区块与链式结构

观察图 1-2～图 1-4 的模型。

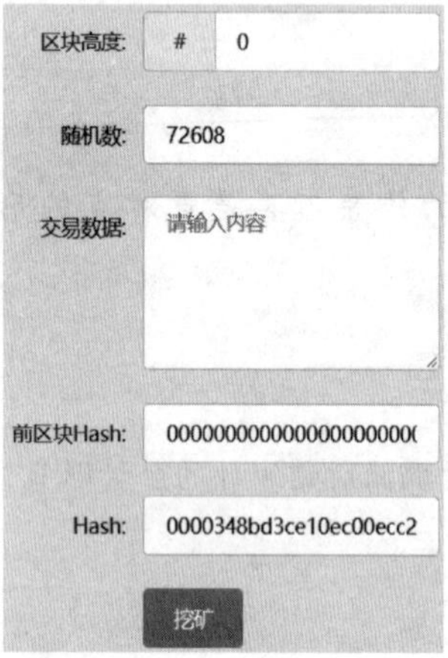

图 1-2　模型 1 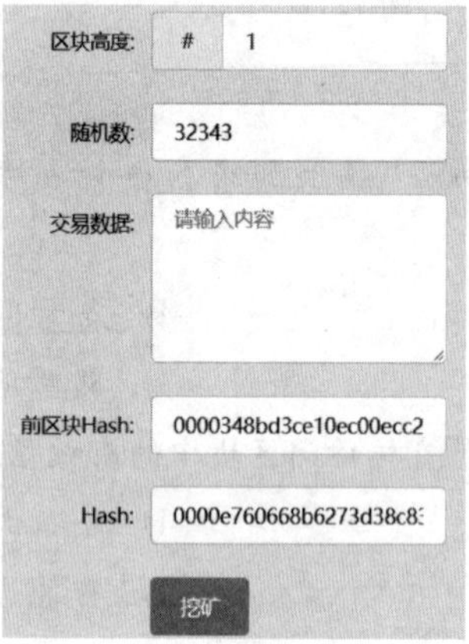　　　　图 1-3　模型 2 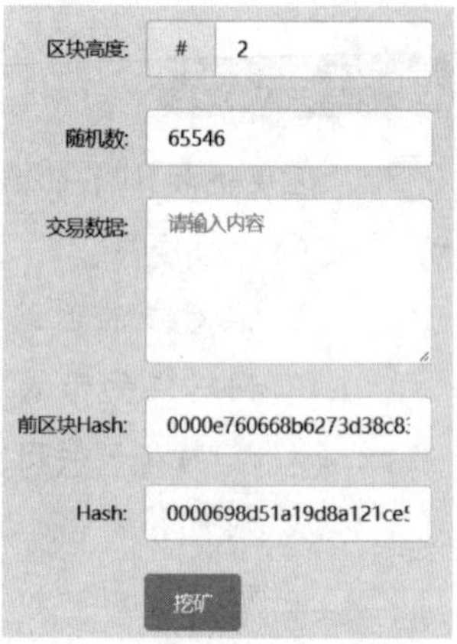　　　　图 1-4　模型 3

本模型是一个拥有三个区块的区块链模型,区块链又叫分布式账本,那么区块就是账本的账页,每个区块中包括以下几项内容。

(1) 区块高度:这个就是账页的页码,由系统自动生成。

(2) 随机数:记账人员通过寻找随机数的方式来使得区块满足自己需要加入的区块链对区块的格式要求。

(3) 交易数据:用于记录产生的交易数据。

(4) 前区块 Hash:用于记录当前区块的前一个区块的 Hash 值,也被称为 Hash 指针。通过指针,就能够通过任意一个区块溯源到前方所有区块中的内容。

(5) Hash:对区块高度、随机数、交易数据、前区块 Hash 进行加密得出的一段密文。

什么是 Hash 呢? Hash 就是一种加密算法,而且是一种只能加密不能解密的算法。我们通过对模型进行如下操作,并依据模型出现的变化,对 Hash 的特点与区块链不可篡改与可追溯的特征进行分析。

2.平台操作——区块链模拟

步骤一:在第一个区块中的"交易数据"中输入一条交易信息,如甲向乙转账 100 元。输入内容后,鼠标移至区块页面空白区域并单击,模型变化与解析如表 1-2 所示。

表 1-2 模型变化与解析 1

变　　化	解　　析
输入交易数据的区块下方 Hash 变化	任意数据通过 Hash 算法后都会生成一个唯一的 Hash 值
二、三区块的前区块 Hash 发生变化	因为前区块的 Hash 值发生变化而导致的连锁反应
三个区块的颜色全部变为红色	当前区块不满足区块链的格式要求(本模型对区块格式要求为 Hash 前四位为 0)

步骤二:依次单击三个区块下方的【挖矿】按钮,模型变化与解析如表 1-3 所示。

表 1-3 模型变化与解析 2

变　　化	解　　析
挖矿后的区块,随机数发生变化,且 Hash 前四位变为 0	挖矿就是寻找随机数的过程,当随机数、区块高度、交易数据与前区块 Hash 进行 Hash 运算后得出的 Hash 值满足链条格式要求(前四位为 0)时,颜色还原
挖矿后的区块颜色还原	

步骤三:在第二个区块中的"交易数据"中输入另一条交易信息,如乙向丙转账 50 元。输入内容后,鼠标移至区块页面空白区域并单击,模型变化与解析如表 1-4 所示。

表 1-4 模型变化与解析 3

变　　化	解　　析
输入交易数据的区块下方 Hash 变化	因为前区块的 Hash 值发生变化而导致的连锁反应,所以修改区块内容仅对后续区块产生影响,而不会对前面的区块产生影响
前一个区块没有变化,后一个区块颜色发生变化	

步骤四:依次单击变色区块下方的【挖矿】按钮,在第三个区块中的"交易数据"中输入另一条交易信息,如丙向丁转账 50 元,鼠标移至区块页面空白区域并单击,观察区块 Hash 值变化。

步骤五:删除"元"字,鼠标移至区块页面空白区域并单击,观察区块 Hash 值变化。

步骤六:然后添加上"元"字,鼠标移至区块页面空白区域并单击,观察区块 Hash 值变化。模型变化与解析如表 1-5 所示。

表 1-5 模型变化与解析 4

变　　化	解　　析
输入"丙向丁转账 50 元"后,区块 Hash 值发生变化	1. 当通过 Hash 值加密的信息发生任何微小的变化时,其 Hash 值都会产生显著的变化
删除"元"字后,区块 Hash 值发生变化	2. 对相同的信息进行 Hash 运算后,生成的 Hash 值一定是一模一样的
重新添加"元"字后,区块 Hash 值发生变化,但是 Hash 值与步骤四时一样	3. 对任意信息进行 Hash 运算后,得到的 Hash 值长度是固定的

通过以上解析可以知道,一旦对区块链中的内容进行修改,整个链条立刻就能够做出反应(Hash 值发生变化,使得区块不再满足区块链格式要求),从而判断出数据被篡改(变红),且后面的区块都将出现连锁反应,所有后续的区块都不再满足区块链的格式要求。此外,由于区块链分布式存储与定时同步(以多少人记录的账本为准更新少数人记录的账本)的技术特点,被篡改的数据很快就会被网络中其他人员记录的账本数据所覆盖,从而有效实现数据的防篡改。此外,通过 Hash 指针(前区块 Hash)的应用,能够实现对区块数据的溯源。

3. 弱中心化——P2P

P2P 即对等网络,计算机之间通过直接交换来实现计算机资源和服务的共享。P2P 网络环境中每个节点既充当服务器,为其他节点提供服务;同时也享用其他节点提供的服务,从而弱化了服务器的作用,甚至取消服务器。通过这种网络方式,区块链就很好地实现了"去中心化与分布式存储"。

基于 P2P 网络的特性,得出本网络的如下优势。

(1) 容错性高:一个节点的崩溃不会影响整个系统。

(2) 抗攻击性强:攻击者只攻击一个节点并不能影响整个系统。

(3) 抗勾结性强:只有超过半数的节点相互勾结,才能实现对系统数据的修改。

P2P 在现实生活中也不乏应用,最为人所知的应用之一就是迅雷下载了。传统的下载方式都是由中心服务器单线进行文件传输,而 P2P 网络则是所有节点都是服务器,都可以向下载人传输文件信息,即多线传输。因此,当我们使用迅雷下载时经常会发现,我们下载的文件越流行,那么下载速度就越快,正是由于这个原因。

4. 双方匿名——非对称加密

了解"P2P"与"分布式存储"的理解后,我们可能会产生如下两个疑问。

(1) 在 P2P 网络中,我们怎样保证传输的消息能够由指定人员接收呢?(传统上,这一任务由服务器在中间识别并转发给接收人,而 P2P 网络中没有服务器。)

(2) 在采用分布式存储后,我们的隐私该如何得到保护呢?

区块链通过使用密码学原理解决了这两个问题,使用的密码算法就是非对称加密。在讲解非对称加密之前,我们先来了解一下对称加密。

对称加密是一种采用单钥密码系统的加密方法,同一个密钥可以同时用作信息的加密和解密,这种加密方法被称为对称加密,也称为单密钥加密。

我们熟知的摩斯密码、密码本等加密手段都属于对称加密。

非对称加密采用两个密钥来进行加密和解密,这两个密钥分别是公开密钥(简称公钥)和私有密钥(简称私钥),它们之间一一对应。使用公钥加密,只有对应的私钥才能解密;使用私钥加密,只有对应的公钥才能解密。

通过这种加密手段,我们就保证了传输的消息只能由指定人员接收(因为其他人没有私钥)。基于区块链分布式存储的特性,所有人都能将我们传输的信息存储到自己的账本中,然而由于其他人员没有对应的私钥,他们无法解密并查看明文,以此保障了数据的隐私性。

非对称加密与对称加密相比,其安全性更好。对称加密的通信双方使用相同的秘钥,如果一方的密钥遭泄露,那么整个通信就会被破解。而非对称加密使用一对密钥,一个用来加密,一个用来解密,而且公钥是公开的,密钥是自己保存的,不需要像对称加密那样在通信之前要先同步密钥。

非对称加密的缺点是加密和解密花费时间长、速度慢,只适合对少量数据进行加密或用于数字签名。

非对称加密中使用的主要算法有 RSA、背包算法、D-H、ECC(椭圆曲线加密算法)等。

5. 集体维护——共识机制与激励机制

什么是集体维护呢? 基于传统的中心化记账模式,所有的交易信息都由一个人进行记账,这可以理解为个人维护;在区块链中,所有的参与人员都能进行记账,这就是集体维护。在集体维护的情况下,会产生这样的一个问题:每个人都能记账,那么在同步账本数据时以谁记录的交易数据为准呢? 这个时候我们就需要使用某种方法来最终确定大家以谁记账的交易内容为准来同步区块(即记账权归谁的问题)。

区块链中用于解决这个问题的方法就是共识机制,目前主流的共识机制包括以下三种:工作量证明机制(PoW)、权益证明机制(PoS)和股份授权证明机制(DpoS)。

这三种共识机制各有利弊,具体分析如表 1-6 所示。

表 1-6 三种共识机制的利与弊

共识名称	利	弊
工作量证明机制	中心化程度最低、安全性高	资源浪费明显、共识达成周期长
权益证明机制	共识周期较短、资源浪费较少	无法发币、容易出现囤币现象
股份授权证明机制	共识周期短、节点是合作而非竞争	中心化程度较高、成员积极性不高

通过共识机制,区块链实现了集体维护,而参与区块链的人越多,区块链的运行越稳定,区块链的价值也就越高。那么如何吸引更多的人加入自己的区块链呢? 这个时候就需要一定的激励手段来吸引更多的人加入区块链。不同的区块链采用的激励机制是不同的,这里只对比特币网络中的激励机制进行讲解。

根据中本聪的设计,最开始每记一次账(即获取记账权)会奖励 50 枚比特币,每记 21 万页账(大约每 4 年),记账的奖励就会减少一半,持续到大约 2140 年,比特币无法继续细分。至此,比特币发行完毕,总量为 2 100 万枚。

由于比特币的总量是固定的 2 100 万枚,这就像一座金山,总有被开采完的时候,因此我们才把参与比特币网络记账的人员比喻为矿工,而竞争记账权的这个过程则比喻为挖矿,这是一个非常形象的比喻。

6. 智能处理——智能合约

智能合约这个术语于 1995 年由尼克·萨博提出。他在自己网站的几篇文章中提到了智能合约的理念。他给出的定义如下："一个智能合约是一套以数字形式定义的承诺，包括合约参与方可以在上面执行这些承诺的协议。"

简单来说，智能合约等同于电子合同，但智能合约的优势在于，电子合同只是记录条款，而智能合约背后拥有一套强大的程序来保证合同条款的自动化执行。由于合同条款是通过程序来执行的，就避免了人为错漏，使得合同更加客观公正，减少了违约成分，并在很多的应用场景中提高了业务效率。

📋 任务试题

1. 以下选项中没有体现区块链技术特点带来的优势的是（   ）。

    A. 难以篡改，更加安全　　　　　　　　B. 具备智能合约，自动执行

    C. 网状直接协作机制，更加透明　　　　D. 需要经过第三方

2. 区块链中的节点通过（   ）的通信协议进行交互。

    A. 多点交互　　　B. 网对点　　　C. 点对点　　　D. 点对网

3. 采用各种不同的算法以确保数据库中的记录是永久的、按（   ）排序的，并且对于网络上的所有其他节点都是可以访问的。

    A. 空间顺序　　　B. 时间顺序　　　C. 前后顺序　　　D. 高低顺序

1.2.3　区块链的应用分类

🌐 讲解内容

目前存在的区块链种类普遍认为有三种：公有链、联盟链与私有链。不同类型的区块链具有不同的应用场景，下面将逐一介绍这三种不同类型的区块链。

公有链是一种去中心化的区块链，它没有官方组织、管理机构及中心服务器，任何人都可以按照系统规则自由接入网络、不受控制，所有参与者之间基于共识机制工作，并可以自由加入或退出。比特币就是公有链的典型应用。

联盟链是专为特定群体成员和有限第三方设计的区块链系统，其内部指定多个预选节点为记账人，每个区块的生成由所有预选节点共同决定，其他接入的人员可以参与交易，但不过问记账过程。其他第三方可以通过该区块链进行限定查询。为了获得更好的性能，联盟链对于共识或网络环境有一定要求。通过设立准入机制，联盟链可以有效提升交易效率，并避免因参与者水平不一而产生的一些问题。联盟链也是当前社会中最常使用的一种区块链。

私有链也称专有链，它是一条非公开的区块链系统，通常需要授权才能加入。在私有链中，各个成员的写入权限都受到严格控制，而读取权限则可视需求有选择性地对外开放。私有链适用于企业内部的应用，以及特定机构的内部数据管理与审计等金融场景的应用。特别是在某些情况下，私有链上的一些规则可以被机构修改，因此私有链在某种意义上也是中心化的。

以互联网作为类比，公有链相当于全球性的互联网，联盟链相当于一个国家或地区内部

的互联网,而私有链则相当于某个地区的局域网。三种区块链各有优劣势,具体如表 1-7 所示。

表 1-7　三种区块链的优劣势

公 有 链	联 盟 链	私 有 链
链上数据面向所有成员公开	链上数据面向部分成员公开	链上数据仅向内部成员公开
篡改难度高	篡改难度较高	篡改难度低
交易速度慢(竞争需要时间)	交易速度快	交易速度非常快

任务试题

1. 以下选项中不是联盟链的特点的是(　　　)。
   A. 交易速度非常快　　　　　　　　B. 可控性较强
   C. 数据默认公开　　　　　　　　　D. 交易成本低
2. 以下选项中不是私有链的特点的是(　　　)。
   A. 私有链的交易效率高　　　　　　B. 部分中心化
   C. 成本低　　　　　　　　　　　　D. 保障隐私
3. 以下选项是公有链的特点的是(　　　)。
   A. 所有交易数据公开、透明　　　　B. 可以篡改
   C. 高吞吐量　　　　　　　　　　　D. 交易速度快

1.2.4　区块链典型案例解析

讲解内容

依据区块链发展的历程,每一个区块链时代都拥有一个典型应用代表,下面分别介绍。

1. 可编程货币时代——比特币

比特币没有特定的发行机构,而是依靠一套去中心化的发行机制,逐步将比特币发行出去。比特币的底层技术是区块链,它是将一个个区块连接起来而形成的链。比特币系统相当于一个去中心化的大账本,其中每个区块都相当于账本中的一页,每个区块中的交易信息都是由去中心化的节点挖矿来完成的。

2. 可编程金融时代——以太坊

以太坊是一个可编程、图灵完备的区块链开发平台,它可以用来编程、处置、担保和交易任何事物,如投票、域名、金融交易所、众筹、公司管理、合同和大部分合约、知识产权,以及得益于硬件集成的智能资产等。以太脚本具有图灵完备性,允许通过合同来编写代码,每一个合同相当于一个智能合约,当合同接收到一项交易后,合约就会运行特定代码,这段

代码能发送交易或修改合同内部的数据存储,甚至能修改合同自身的代码。简而言之,以太坊既是以智能合约为主要功能的一种分布式计算平台,也是一个去中心化的创新基础平台。

3. 可编程社会时代——区块链电子发票

区块链电子发票是在国家税务总局的指导下,由国家税务总局深圳市税务局主导落地,腾讯区块链技术作为底层支撑,是全国范围内首个"区块链+发票"生态体系应用研究成果。早在 2018 年 5 月,深圳市税务局就与腾讯共同成立了"智税"创新实验室,区块链电子发票是"智税"实验室重点项目,也是实验室首个落地的成果。

如图 1-5 所示,区块链电子发票业务流程包括领票、开票、流转、验收和入账等,大致分为以下四个步骤。

图 1-5　区块链电子发票业务流程

（1）税务机关在税务链上写入开票规则,将开票限制性条件上链,实时核准和管控开票。

（2）开票企业在链上申领开票,并写入交易订单信息和链上身份标识。

（3）纳税人在链上认领发票,并更新身份标识。

（4）收票企业验收发票,锁定链上发票状态,审核入账,更新链上发票状态,最后支付报销款。

区块链电子发票实现了"资金流、发票流"的二流合一,打通了发票的申领、开票、报销和报税流程,做到了税务机关各环节可追溯、业务运行去中心化、纳税办理线上化和报销流程无纸化。区块链发票具体解决了如下业务痛点。

（1）解决了信息孤岛问题,将发票流转信息上链,实现了发票状态全流程可追溯。

（2）实现了无纸化报销,报销时只需要在链上更新发票状态即可,无须打印。

（3）解决了一票多报、虚报虚抵的问题,使用区块链技术确保了发票的唯一性和信息记录的不可篡改性。

（4）帮助政府提升监管力度,发票全流程的信息都在链上,帮助税务局实现实时监管。

区块链电子发票样式如图 1-6 所示。

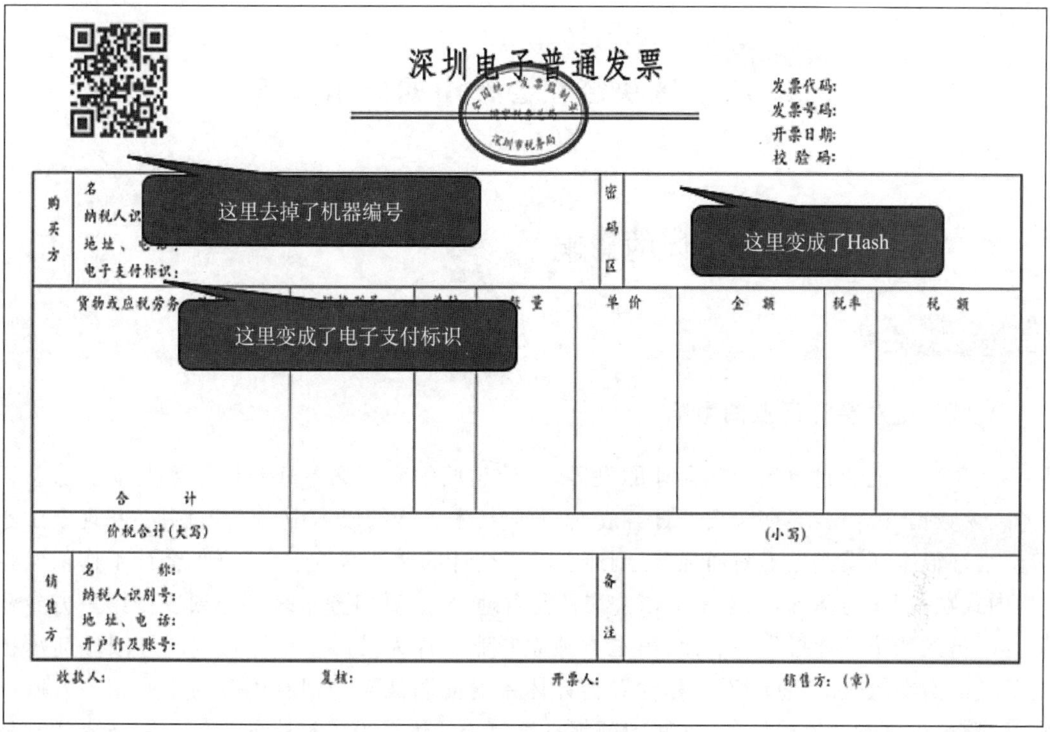

图 1-6　区块链电子发票样式

任务试题

1. 下列关于以太坊描述正确的是(　　)。

A. 以太坊中使用的数字货币,不可以在许多加密货币的外汇市场上交易

B. 以太坊里对所有活动进行消耗资源计量的单位,读取免费,写入收费

C. 在以太坊区块链上的每一项操作支付的费用,包括计算、存储等这些费用要使用以太坊的外部加密货币(以太币)来支付

D. 合约结束执行时,它的每一条指令都在网络的每个节点上执行

2. 下列关于区块链电子发票业务流程描述不正确的是(　　)。

A. 税务机关在税务链上写入开票规则,将开票限制性条件上链,实时核准和管控开票

B. 开票企业在链上申领开票,并写入交易订单信息和链上身份标识

C. 纳税人在链上认领发票,并更新链上纳税人身份标识

D. 收票企业验收发票,锁定链上发票状态,支付报销款,更新链上发票状态,最后审核入账

3. 下列关于区块链电子发票的意义描述正确的是(　　)。

A. 区块链电子发票具有便捷、高效、可追溯的优势

B. 与传统电子发票相比,区块链电子发票不能为企业节省成本

C. 区块链电子发票不可追溯可篡改的特点不能解决传统电子发票的弊端

D. 区块链电子发票不能够运用"互联网＋"的创新模式开拓互联网政务

1.3 区块链在会计中的应用分析

1.3.1 区块链对会计的影响

讲解内容

1. 区块链对会计行业的影响

从复式簿记的起源到管理会计的发展,会计领域的变革离不开新的技术驱动。随着云计算、大数据、区块链等高端技术日益成熟,顺应技术发展的成本中心、利润中心和现金中心等新会计形态和模式也不断涌现,深刻地影响了会计的变革与发展。目前,会计工作依然将"集中式账本"作为基础,无论是上市公司还是普通企业,其财务报表都必须取得第三方专业审计人员的严格审计报告。然而,第三方独立专业审计人员由于审计技术的局限性而承担着巨额的潜在风险;信息的不对称性和会计体系的漏洞被某些别有用心的企业相关方所利用,以欺诈投资者和监管者等,这些问题都是目前会计体系难以解决的。区块链技术凭其特有的优势,为解决上述问题提供了可行的路径,进而有可能推动会计体系的颠覆性变革。

(1) 减少人工干预。通过区块链技术,会计记录一经确认便不得修改,即使是会计系统的所有者也不能做出修改。鉴于每笔交易都得到了记录和验证,有效地保证了财务记录的完整性。区块链技术极有可能大量减少甚至消除对会计人工干预的需求,而这可能会颠覆现有会计行业。

(2) 降低绝大部分传统会计成本。对于全球的企业来说,会计是一项庞大的成本。例如,区块链会计调动了各参与方集体记录会计审计信息,共同确认记账真伪,将不需要专门审计人员审核确认账本。区块链技术与会计工作流程和模式的融合会对现有企业财务管理和基础会计工作的变革产生不可估量的作用。

(3) 大幅提高会计记账效率。将区块链技术应用到会计工作中,有望实现结算流程效率大幅提升,将目前的小时级提升至分钟级乃至秒级,有效降低 99% 的结算风险,促进资金使用效率的提升和规避系统性风险的发生。区块链会计交易确认和结算的自动化运作机制可以大幅缩短结算周期,节点交易一旦确认,系统自动记入分布式账本,同时更新其他节点的分布式账本。

(4) 改善会计环境的安全性。区块链的技术优势可以产生更快的处理速度和更短的清算周期,从而大幅降低会计结算的风险。会计标准流程与区块链技术的有效融合,能够促进会计结算的标准化和自动化。区块链技术的单向哈希算法特点可以帮助监管层甄别发现违规操作,推动合规检查的标准化和自动化,从源头上规避潜在的违规风险。

2. 区块链对会计处理的影响

目前区块链技术并没有大范围地应用到会计行业中,但随着区块链技术的发展与完善,相信它会逐渐应用到会计领域,用以解决会计信息录入效率低下、信息公布不完整、信息容易被篡改等问题。下面,我们从信息产生到公布等几方面来认识区块链对会计领域产生的影响。

(1) 对会计信息录入的影响。在传统会计模式下,企业要对发生的经济业务先进行核对,然后进行信息的记录,并且要通过第三方银行的确认,相当于业务流和资金流是分开的;而在区块链中,数据的传输是直接并且可靠的,因此不再需要第三方银行单独的确认。即在确认经济业务的同时,数据会进行传输,完成相应的核算,业务流和资金流归为一体。而在会计信息记录这一环节,由于会计是以货币为主要计量单位的,无论是采用历史成本计量还是公允价值计量,其准确性均受到货币自身价值及其转换过程的影响。而在区块链中,由于是链式数据结构,并以密码学进行了加密保护,具有不可篡改性,如果提前设定好币值计算运行程序,就可以保持相对稳定性,从而大幅提高会计计量的准确性。

(2) 对会计信息传输的影响。传统会计中信息的处理多依赖人的操作,从确认开始到报表的形成都会受到人为因素的影响。而在区块链中,由于其自治性的特点,数据能够不受人的干预无障碍地交换。如果提前设定好运行程序,数据就会遵循已定的规则进行确认,只有正确的数据才能够进入下一步的程序,从而降低了出现错误的概率。同时,在设定好的程序中,机器会自动代替人工做一些工作。例如,企业申报纳税,区块链可以自动依据相关信息进行操作,这样不仅减少了会计人员的工作量,也提高了工作的准确性。同时,区块链运用的哈希算法具有不可逆性,使得信息在传输过程中具有不可逆性,一旦信息开始传输,那么就无法再追溯回来。

(3) 对会计信息披露的影响。目前,会计信息披露主要依赖于公司定期公布的财务报表,信息的公布定期形式固化,缺乏及时性和灵活性,内容也不够全面具体。但在区块链中,因为共有链是开放的,所有人掌握的数据是相同的,会计信息可以随时被提取出来,这有利于使用者及时了解会计信息,从而判断经济活动的情况,在一定程度上解决了信息使用双方掌握信息不对称的局面。同时,使用者也可以根据自身的需要形成相应的数据,更方便也更有针对性和详尽性,可以加深使用者和信息之间的关联度。此外,高度透明的公开状态能获得更多人更有效的监督,进而减少错误的出现。

(4) 对会计信息造假的影响。在传统会计中,由于涉及人为因素,要完全避免造假问题是有一定难度的。但在区块链中,由于信息一旦经过验证并添加至区块链,就会永久地存储起来,除非能够同时控制整个系统中超过 51% 的节点,否则单个节点上对数据库的修改是无效的。这就形成了区块链中信息具有不可篡改的特性,这一特点能够有效避免会计信息造假问题,也在一定程度上避免了会计人员因外界因素而被迫造假的问题,增加了会计人员的独立性。同时,由于数据具有不可篡改性,外部对企业经济的监督力度也会有所提升。例如,税务机关可以直接查询到自己需要的数据,不必担心造假问题。

📋 任务试题

1. 会计的四个基本程序不包括(　　)。
   A. 确认　　　　　　B. 报表　　　　　　C. 计量　　　　　　D. 报告
2. 本文中提到的区块链技术对会计行业的影响不包括(　　)。
   A. 减少人工干预　　　　　　　　B. 降低绝大部分传统会计成本
   C. 改善会计环境的安全性　　　　D. 大幅度提高会计审计的效率
3. 当前会计信息披露主要依赖于公司定期公布的财务报表,这种形式存在的负面问题的是(　　　)。

A. 信息的公布形式多样化　　　　　　　B. 缺乏及时性

C. 信息公示比较全面　　　　　　　　　D. 信息公示的时间不固定

1.3.2　区块链对企业财务的影响

⊕ 讲解内容

1. "互联网+财务"背景下财务运作出现的主要问题

(1) 财务运作及各项手续成本费用增加。在财务运作的资金方面,筹资和投资活动可以有效地促进企业现金流的正常运转,为企业的经营活动增添活力。但在资金运作中需要支付的相关费用偏高,高成本的资金运作会对企业的发展建设产生阻力。而且在企业财务运作中需要银行类的金融机构中介,自然所需的中介手续费也会相当高。例如,在一些跨境支付中,我国人民币还没有成为全球范围的通用货币,在进行跨境支付时要转换成第三国货币进行支付,在这个过程中需要涉及进出口企业双方、进出口双方银行和结算币种国家的清算行,过程多而复杂,因此所要缴纳的手续费用也较高。

(2) 目前财务运作效率低,流程较为烦琐。财务运作是财务部门工作最重要的部分,工作的范围广泛,可以对企业的各个部门和环节起到协调作用。一些企业虽然建立了相应的信息管理系统,但由于涉及企业的机密信息,而且企业各部门存在责任差异性,导致信息不能有效共享和交流,各个部门也缺乏积极的交流和配合,使企业涉及多部门的经营活动不能正常运行,经常受阻。而且基于企业对信息的保护,企业信息缺乏公开性、共享性,导致财务运作的环节和流程产生许多障碍,工作效率很低。企业在进行筹资和投资活动时,要保证项目的顺利完成,需要多个部门和流程共同进行。一个项目从策划到结束,需要的时间、物力及财力都很大,因此应注重提高财务运作的工作效率。

(3) 财务信息缺乏透明度和公开性,存在财务风险。目前,企业在并购、重组等交易活动中频繁出现非等价交易问题,而且现阶段我国关联交易存在一些违规行为,造成交易不规范和不公平。企业和子公司之间的关联交易一般是通过不公开的方式进行签约,总公司为了获得最大利益,常会有一些不公平的条款,这是一种严重的侵权行为,不仅对股东和投资者不公平,也使企业增加了债务风险。另外,企业还面临信誉危机问题,一些国有股在政府的干预下被误导,过分追求利润最大化,使企业在交易时,国有股份制企业和私营股份制企业存在不公平对待。这种不公平不符合经济市场公平公正的交易原则,也使企业资源配置不合理。

2. 区块链技术对企业财务运作的作用

(1) 有效地提高了财务运作的效率。区块链技术区别于普通的筹资,不需要中间人参与,如银行家、风险测评师等。区块链技术的结构是点对点坐落在区块链的基层,是目前最新型的点对点融资。用户注册没有门槛,只要利用网络下载一个客户端即可参与。线上交易会分时间段,精确到分秒,获得的提成和红利都有明确的记录和操作过程,每一步都真实、透明。而且区块链技术不仅适用于大企业,也面向中小企业,为企业提供各种金融服务。在信息网络快速发展的时代,企业签订的合约不再只是纸质版,还会利用网络技术制定模板加入相关条款。还可以在数据库中获取合作方的信息和合约条款,及时与对方讨论、讲价,节省了签订合约的相关流程和时间,提高了签订合约的效率。利用区块链技术进行财务运作,使业务工作变得智能化,计算、操作等工作都比普通财务人员的效率高。

(2) 大幅降低了财务运作的成本费用。利用区块链技术,可以清晰地对价值转移进行清算和结算;利用网络智能化技术,会自动进行运作和更新,使财务账单一直是准确、有效的。在区块链网络上,用户可以进行资金支付,对资金的转移也不需要中介,这种直接的处理方式降低了中介费用的成本。而且数字货币在区块链技术中是可以直接点对点支付的,没有中间人的参与,跨境支付减少了许多环节和步骤,有效地省去了过程手续费和中介费,降低了企业财务运作成本。区块链技术所应用的是全新的商业模式,区块链网络上的各个设备或节点都具有独立性,可以单独作为一个微型商业个体,不会受到其他设备的影响,保持正常运行。企业如果按照规范操作分布式账本,就可以获得财富。区块链技术将所有的信息数据集合到区块链系统中,企业利用区块链技术可以快捷地获取需要的信息。在区块链系统内,可以查询投资方、合作人及供应商等相关信息,准确度高,间接减少了中间代理商的帮助,减少了企业寻找合作方的过程成本。区块链技术还可以对数据进行扫描、统计等操作,确保数据的准确无误,提高信息可信度。而且在和合作方交流时,对方可以通过区块链系统查询企业的财务信息和企业文化,增加双方的认识和信赖,减少协调成本。而且利用区块链技术使双方在互相不认识的情况下进行合作,省去了通过第三方信用机制对双方身份和信息进行核实。因此,可以利用区块链系统建立双方的信任,结合交易的记录和历史声誉进行身份确定。区块链技术的产物——智能合约,可以增加企业合作的新类型,获得更多的供应商和合作伙伴,全面促进企业的发展,而且所需的协议费用低,降低了签订合约和资金运作的成本。智能合约还减少了第三方代理的参与和相关费用成本,也减少了合作者与企业间的矛盾,不会因诈骗和意外产生损失。

📋 任务试题

1. 企业财务的正常运作需要的主要活动不包括(　　)。

    A. 资金筹措　　　　B. 资金应用　　　　C. 资金分配　　　　D. 资金分发

2. 在"互联网＋财务"背景下,财务运作出现的主要问题中,本文没有提到的是(　　)。

    A. 财务运作及各项手续成本费用增加　　B. 财务运作效率低

    C. 财务信息缺乏透明公开　　　　　　　D. 财务运作相关方繁多

3. 对于区块链能够大幅降低财务运作成本费用的描述,下列说法不正确的是(　　)。

    A. 利用区块链技术,可以清晰地对价值转移进行清算和结算,使得财务账单一直是准确、有效的

    B. 利用区块链技术,可以使得对资金的转移不需要中介,减少中介费用的成本

    C. 数字货币在区块链技术中可以直接点对点支付,减少许多环节,省去过程费用

    D. 智能合约的自动化执行,减少相关方的沟通成本

1.3.3　区块链对会计信息系统的影响

🌐 讲解内容

1. 区块链技术应用于会计系统的技术限制

区块链技术在会计行业中的应用涉及的密码学主要分为三类:对称密码、哈希(Hash)

算法和非对称加密算法。对称密码即用相同的密码对一份文件进行加密和解密。哈希(Hash)算法是区块链技术常用的一种加密算法。例如,SHA256是一种哈希函数,它能将待处理的文件(文件大小不限)转换成长度为256字节的哈希值。哈希(Hash)算法处理数据是单向的,不能通过256字节的输出值恢复出原始的输入值;对于不同的输入值,即使仅差一个字节,输出的结果差异也很大。哈希(Hash)算法的这种特性使得加密的原文无法被篡改且不被发现,同时又很好地保密了原文。非对称加密算法也被用到区块链技术中,如RSA。该算法中存在一对私钥和公钥,用私钥对信息进行加密,用公钥可以对信息进行解密。私钥可以理解为账户所有者的签名或者企业的公章,公钥可以对签名或盖章进行验证。

目前,登录企业财务管理系统需要的用户名和密码,是利用一台中心服务器来对身份和权限进行验证,其原理不同于上述三种加密类型。而区块链技术是去中心化的,没有中心服务器,因此不能用传统的方式进行权限验证。要想在区块链系统中实现信息的保密性及签名功能,只能通过上述三种加密算法的组合来完成。

2. 基于区块链技术的会计系统的具体方案

而区块链技术是去中心化的,没有中心服务器,所以不能用传统的方式进行权限验证。想要在区块链系统中实现信息的保密性及签名功能,只能通过上述三种加密算法的组合来完成。结合使用不同类别的区块链,可以对会计系统进行如下改造。

(1) 联盟链的上链内容包括:一是A、B企业之间的合同、票据、交易等通过哈希算法得到一串字符,再将此分别用A、B企业的私钥进行数字签名后上传到联盟链上,这些上链内容可以从源头上保证银行账单、发票、合同等交易事项的真实性,同时也有利于联网审计的进行;二是各企业私有链的财务报表定期通过哈希算法进行加密,将加密后的信息上传到联盟链上,这些上链内容可以使得会计处理结果被固化;三是其他企业认为有必要公开披露的信息也可以通过私钥数字签名后上传到联盟链上。

(2) 私有链的上链内容包括:一是企业的合同、票据等原始交易凭证;二是企业的资金、往来、收入、库存、费用及经营成果等具体数据;三是企业的财务报表。私有链可以理解为一套完整的ERP系统,也可以根据企业的具体情况,对现有的企业ERP系统进行改造,使其满足于与联盟链相关联。私有链和联盟链的内容是相关联的,联盟链上的内容包含了私有链上财务信息的哈希值,企业的会计账目如果被篡改了,必然会被发现,从而保证了企业会计信息的可信度。企业的财务数据主要保存在内部的私有链上,一方面,可以保护企业的商业敏感信息不被外泄;另一方面,区块链技术的运用,可以有效提高企业的财务效率,降低了企业的审计成本。

(3) 数据存储和共识机制方面,私有链的数据存储在企业内部相关的计算机上,各企业之间的公有链的内容保存在参与计算的各个节点上;联盟链的共识机制采用PoW(工作量证明),对每笔交易进行适当的现金收费后,再用来根据工作量奖励记账的各个节点。在本系统中,由于收费和奖励标准都是有限的,因此不会像比特币那样出现"矿工"过度竞争的局面,造成能源的浪费。私有链记账的能源消耗是企业内部的成本,共识机制可以由各企业自行决定。

(4) 在联盟链的构建中,对于各参与企业而言,创始区块应该由具有公信力的组织机构完成,创始者拥有对参与者身份进行审核的权力,可以增加或删除该区块链的参与者,并对参与者的工商注册、股东变更等公开信息进行更新。对于企业内部的私有链,各企业可以根据企业大小和业务的需要设置不同参与者的权限。为了便于审计工作的进行,企业内部的私有链应该对审计机构完全开放。

(5)扩展本方案还可以进行一些扩展,如智能合约的引入、企业信息的自动披露等。智能合约是一种由计算机处理的、可执行合约条款的交易协议,这类协议一旦制定和部署,就能实现自我执行和自我验证,不再需要人为的干预。引入智能合约可以最小化企业间的恶意交易或意外事件的发生。只要是对投资决策有影响的信息,如财务报表、税收缴纳、工商变更,都可以自动上链。

任务试题

1. 区块链技术在会计行业中的应用涉及的密码学种类,本文中没有提到的是(　　)。

　　A. 对称密码　　　　　　　　　　B. 哈希算法

　　C. 椭圆曲线加密算法　　　　　　D. 非对称加密算法

2. 基于区块链的三种类别,企业与企业之间通常使用的区块链是(　　)。

　　A. 公有链　　　　B. 私有链　　　　C. 联盟链

3. 本文中拓展方案所提到的,通过引入智能合约实现信息进行自动上链的是(　　)。

　　A. 对投资决策有影响的信息　　　B. 对企业财务运作有影响的信息

　　C. 对企业人员信息调用有影响的信息　　D. 对企业管理机制有影响的信息

1.3.4　区块链在会计中的应用展望

讲解内容

作为一项新兴的技术,区块链因其在分布式账簿中的独特优势而受到高度关注,德勤等"四大"会计师事务所纷纷建立研发团队,以推进场景应用的实验及技术平台的开发。

1. 区块链在会计中的发展与应用

2015 年 1 月,在美国迈阿密举行的比特币大会发布了《布雷顿森林体系 2015 白皮书》,该白皮书提出了区块链发展的三个阶段和五大目标。其中,第一个阶段为区块链货币阶段,即比特币阶段。第二个阶段为金融阶段,将区块链的应用从电子货币拓展至金融产业,涵盖金融机构、金融工具和智能合约。第三个阶段将广泛应用于政府治理、教育、产权保护、社交等领域。白皮书明确提出了区块链发展的五大发展目标,具体包括以下方面。

(1)效率。提升数据交换协议、证书、审批流程、财务交易和报告等方面系统运行效率,降低成本、节约时间、避免错误、消除浪费、减少备份、突破信息不对称、增强信任。

(2)消费者的选择、连接、隐私和保护。提供更多可选的商品和服务,改善消费者隐私保护,维护其利益。

(3)透明度。按照信息或记录的可获得性和公共底账的不变性,给予其更强的透明度。

(4)直接的自我管理。通过分布式授权给予个人和集体更大的权力。

(5)人类能力。个人和集体对自身及健康、财富、知识、财产和其他影响自我决定的因素具备更强的管理能力。

2. 当前会计业务应用区块链技术面临两大挑战

（1）分布式账簿挑战中心化记录的会计基础业务架构和业务规则。目前,国内企业的财务会计系统普遍实行的是信息集中管理模式,即有"一本总账"系统负责核算企业所掌握的所有财务资源,在满足会计信息质量控制要求,不丧失原始数据集合部分性质的前提下整合的信息资源,低成本、高效率地与分布式要求相对接,会对区块链技术应用产生重大影响。

（2）区块链会计时效性挑战当前会计业务数据资源管理能力。可靠的数据是市场化经济大潮中,企业运营最具有竞争力的工具之一,更是企业会计与财务的价值源泉,会计行业要更好地应用区块链技术,必须提升数据质量管理的能力。区块链技术提升了会计处理流程的整体效率,也将会计与审计、税务等后续业务紧密连接在一起。业务处理的时效性大幅提升,对当前会计业务的数据可靠性、准确性和时效性提出了挑战。在传统会计业务中,业务处理周期较长,给修正和调整数据留下了充足的时间和空间。然而,一旦应用了区块链技术,会计业务处理的时限将大幅缩减,且与后续其他业务几乎同时完成,这就要求会计业务的相关机构具备较高的会计业务数据资源管理能力。此外,数据安全是保证区块链应用支撑系统安全稳定运行的关键因素之一,系统的总体安全防护方案包括数据安全、应用安全、网络安全、物理安全和安全管理等方面。从技术接轨角度出发,应重点考虑数据安全,包括数据的完整性、数据恢复、数据安全属性分析等。

📋 **任务试题**

1. 在《布雷顿森林体系 2015 白皮书》中提到的五大目标不包括（　　）。
   A. 效率
   B. 消费者选择
   C. 间接的自我治理
   D. 透明度
2. 德勤应用区块链平台 Rubix 目前主要提供的服务不包括（　　）。
   A. 交易对手确认
   B. 自动审核
   C. 土地登记
   D. 实时会计和审计
3. 本文提到的区块链技术在会计业务中的应用面临的挑战是（　　）。
   A. 分布式账簿挑战中心化记录的会计基础业务架构
   B. 分布式账簿挑战中心化记录的会计基础业务规则
   C. 区块链会计时效性挑战当前会计业务数据资源管理能力
   D. 区块链会计时效性挑战当前会计业务数据处理能力

1.3.5　绘制思维导图

🖥 **实训操作**

本任务用于学生进行知识总结,单击界面中的"区块链会计"输入内容,单击【添加】,即可在本节点后增加节点,继续添加即可形成完整的思维知识导图。

第 **2** 章 联盟链商业社会构建

2.1 联盟链的运行原理

2.1.1 基本概念

超级账本(hyperledger fabric)是联盟链平台的代表,其目标是面向企业级应用场景的许可区块链(permissioned block chain),用于解决多个弱信任企业主体间的信任问题,以降低企业间复杂烦琐的业务流程带来的信任成本,实现在可控主体范围内共享敏感数据,从而有效提升企业主体间大规模协作活动的效率。我们下面将要构建的商业社会环境就是利用超级账本的架构构建起来的。在正式构建之前,我们先来了解一下超级账本的一些基本概念。

🌐 讲解内容

1. 账本

超级账本之所以称为"账本",就是因为在超级账本中不仅使用了"区块链"的概念,还使用了"账本"的概念,如图 2-1 所示。

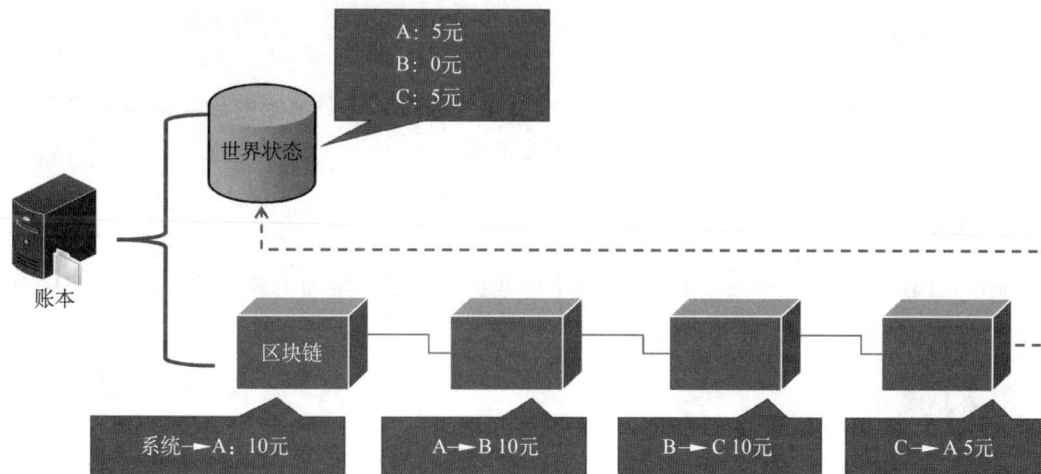

图 2-1 超级账本

在超级账本中,"账本"包括了区块链与世界状态两个部分,其中区块链用于存储数据详情,世界状态用于存储最新的数据状态。

2. CA

CA 即认证机构,类似证书颁发机构,提供用户身份注册服务,管理用户证书生命周期,如创建、撤销、认证等,以及身份鉴别与权限控制,并基于某种算法生成公钥与私钥。

3. 中间 CA(ICA)

中间 CA 就是 CA 的代理商,它也可以进行数字证书的颁发,主要目的是降低根 CA 的工作压力。

4. 组织

在超级账本中,"组织"表示多个成员的集合,通常拥有共同信任的 CA 证书,组织下的所有成员被认为拥有同一个组织身份,而联盟就表示相互合作的多个组织集合。

5. Peer 节点

所有加入联盟链中的通信设备,都可以称为 Peer 节点。一般情况下,Peer 节点的所有权都将归属于某一个组织。在超级账本中拥有以下四类 Peer 节点。

(1) 主节点(Leader):代表组织,用于接收属于自己组织的区块,并发送给其他节点。

(2) 背书节点(Endorser):对上链交易请求执行签名背书,以此证明本次交易是合法有效的。

(3) 记账节点(Committer):同一个通道上的所有 Peer 节点默认都是该通道组织上的记账节点,维护本节点上该通道的账本数据。

(4) 锚节点(Anchor):用于声明组织的通信地址,一个组织必须拥有一个锚节点。如果没有锚节点,则当前组织只能发送消息,无法接收消息。

6. 排序节点

排序节点(Orderer)是指用于接收用户的上链信息请求,按照约定的出块规则将信息打包成区块,并将区块发送到指定范围内的节点账本中。

7. 通道

通道是隔离链上信息的重要机制,通道上的数据只会发送给加入通道的合法成员,从而隔离未经授权的数据访问,保护数据隐私性。

8. 客户端

客户端是用户与网络进行交互的接口,不同节点的客户端就是用户与不同节点交互的接口。例如,我们手机中的微信就属于客户端。

9. 链码

在超级账本中,使用链码的概念替代了智能合约,且超级账本将链码分为系统链码与用户链码。其中,系统链码是超级账本自带的链码,用户链码就是链上成员自己编制的链码。

📋 任务试题

1. 以下功能不是 Peer 节点具备的是( )。
   A. 提供交易背书
   B. 提供交易验证
   C. 提交账本
   D. 进行排序

2. 以下客户端类型,Fabric 客户端包括( )。
   A. CLI 命令行客户端和 SDK 客户端
   B. CLI 命令客户端与 CA 客户端
   C. SDK 客户端与 CA 客户端
   D. CA 客户端与 Go 客户端

3. 以下不是系统链码的是( )。
   A. LSCC
   B. QSCC
   C. VSCC
   D. PSCC

2.1.2 Hyperledger Fabric 架构

🌐 讲解内容

超级账本运行流程步骤如下。

(1) Client 客户端节点向 CA 节点申请身份认证,有了身份认证才能够在联盟链中进行正常的操作。

(2) Client 客户端节点将需要上链存储的信息发送给相关通道内组织下的背书节点,申请背书签字。

(3) Client 客户节点将需要上链存储的信息与收集的签名集发送给排序节点。

(4) 排序节点验证上链存储信息与签名集的准确性,验证通过后生成区块,并通过调用 Kafaka 机制识别区块的发送范围。

(5) 排序节点将区块发送给通道内组织下的主节点。

(6) 主节点验证区块无误后,将区块分发给组织内的其他所有节点,当通道内多数节点接收到区块并存储到自己的账本中后,我们日常所说的"区块链账本"就形成了。

通过这样一个流程,可以更深入地理解我们日常所说的"区块链"。那么,为什么我们总说"区块链"是可信的呢?因为区块链本身就是"多数人都认可的一本账本",而多数人认可的账本数据,我们就能够认为其是正确的数据。

📋 任务试题

1. 提供排序服务的节点是( )。
   A. Committer
   B. Endorser
   C. Leader
   D. Orderer

2. 以下不属于 Fabric 安全与密码服务内容的是(　　　)。

A. 提供生成密钥　　　　　　　　B. 提供消息签名与验签

C. 提供完善的镜像文件仓库管理机制　　D. 提供加密与解密

3. 组织内第一个接收到区块的节点是(　　　)。

A. Leader　　　　　　　　　　　B. Committer

C. Endorser　　　　　　　　　　D. Orderer

2.1.3　认知商业企业

● 讲解内容

前面讲解了超级账本的相关概念与整体运行流程,后面的课程将依据相关会计业务的需求,使用超级账本构建基于联盟链的业务环境,在联盟链业务环境中进行会计业务的处理。

在进行业务环境构建之前,先来了解一下本平台中提供的多种商业企业。

1. 制造企业

本课程中存在的制造企业名为北京润美电器制造有限公司,该公司位于北京市西二旗工业园西区 128 号,是集研发、生产、销售、服务为一体的加湿设备专业制造商,其主营产品"润美加湿器"为国内名牌产品。公司基本信息如表 2-1 所示。

表 2-1　公司基本信息

企 业 名 称	企 业 信 息
北京润美电器制造有限公司	法人:余峰 统一社会信用代码:91440300708461136T 企业地址:北京市西二旗工业园西区 128 号 开户行:招商银行北京市西二旗支行 银行账号:6226201907350010

公司组织架构与部门岗位设定:本企业共有 7 个部门,组织架构与岗位分配以及上、下游企业信息如图 2-2 和表 2-2、表 2-3 所示。

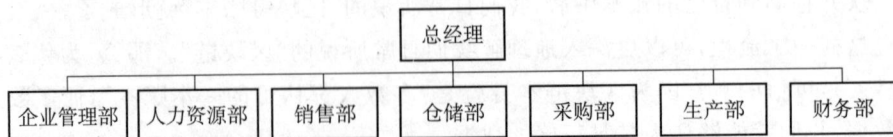

图 2-2　公司组织架构

表 2-2　公司各部门岗位分配

部　　门	岗 位 名 称	属　　性
企业管理部	总经理	总经理

续表

部　　门	岗 位 名 称	属　　性
人力资源部	人力资源部经理	部门经理
	人力资源助理	职能管理人员
销售部	营销部经理	部门经理
	销售专员	销售人员
	销售部财务	职能管理人员
仓储部	仓储部经理	部门经理
	仓管员	职能管理人员
采购部	采购部经理	部门经理
	采购员	职能管理人员
	采购部财务	职能管理人员
生产部	生产部经理	部门经理
	生产计划员	职能管理人员
	车间管理员	职能管理人员
财务部	财务部经理	部门经理
	出纳	职能管理人员
	成本会计	职能管理人员
	财务会计	职能管理人员
	溯源会计	职能管理人员
	合约会计	职能管理人员

表 2-3　上、下游企业信息

业务关系	企业类型	企 业 名 称	企 业 税 号
上游企业	供应商	深圳深亿制塑有限公司	91110114745862928U
		无锡电器科技有限公司	91110114745862922R
		九江塑电科技有限公司	91110114745862929L
		广东尚嘉电器有限公司	91110114745862930M
下游企业	经销商	北京美迪电器销售有限公司	91110114745862931H
		山东精益经贸有限公司	91110114745862932T
		天津世达贸易公司	91110114745862933D

北京润美制造有限公司的主营产品为"小熊迷你加湿器"，加湿器结构图如图 2-3 所示，加湿器的产品物料清单如表 2-4 所示。

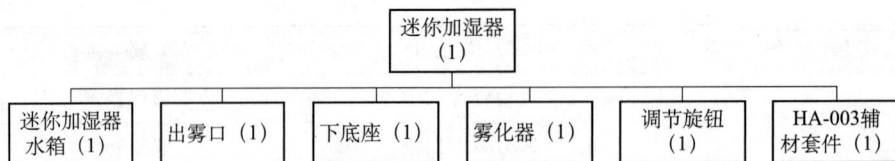

图 2-3 小熊迷你加湿器结构图

表 2-4 小熊迷你加湿器产品物料清单（Boom）

结构层次	父项物料	物料名称	规格型号	单位	用量	（相对制造企业）备注
0	—	迷你加湿器	MN01	台	1	自产成品
1	迷你加湿器	迷你加湿器水箱	SX20	个	1	外购
1	迷你加湿器	出雾口	W33	个	1	外购
1	迷你加湿器	下底座	DZ03	个	1	外购
1	迷你加湿器	雾化器	WH78	个	1	外购
1	迷你加湿器	调节旋钮	XN37	个	1	外购
1	迷你加湿器	HA-003 辅材套件	HA-003	套	1	外购

2. 供应商

本平台中一共拥有 4 家供应商。作为核心企业制造企业的上游企业，供应商主要为制造企业提供原材料出售服务。供应商企业信息如表 2-5 所示。

表 2-5 供应商企业信息

企 业 名 称	企 业 信 息
深圳深亿制塑有限公司	法人：惠存心 统一社会信用代码：91110114745862928U 企业地址：深圳龙岗区小红门路 45 号 开户行：招商银行深圳分行大兴支行 银行账号：6226201907450110
无锡电器科技有限公司	法人：武大胜 统一社会信用代码：91110114745862922R 企业地址：江苏省无锡市惠山区阳山镇陆区花园 开户行：招商银行无锡分行阳山支行 银行账号：6226201907460120
九江塑电科技有限公司	法人：刘美玲 统一社会信用代码：91110114745862929L 企业地址：江西省九江市浔阳区长江大道 105 号 开户行：招商银行江西省九江市浔阳区长江大道支行 银行账号：6226201907470130

续表

企 业 名 称	企 业 信 息
广东尚嘉电器有限公司	法人：董梅慧 统一社会信用代码：91110114745862930M 企业地址：广东省中山市友谊北大街 105 号 开户行：招商银行广东省中山市桥西支行新苑支行 银行账号：6226201907480140

公司组织架构与部门岗位设定：本环境中对于供应商企业的岗位设置只有总经理，其他均为部门替代，不设置具体岗位，如图 2-4 所示。

图 2-4　供应商企业组织架构

供应商企业主营业务为原材料出售，出售原材料种类如表 2-6 所示。

表 2-6　出售原材料种类

物 料 名 称	规 格	单 位
迷你加湿器水箱	SX20	个
加湿器出雾口	W33	个
加湿器下底座	DZ03	个
加湿器雾化器	WH78	个
加湿器调节旋钮	XN37	个
HA-003 辅材套件	HA-003	套

3. 经销商

本环境中一共拥有 3 家经销商。作为核心企业制造企业的下游企业，经销商的主营业务是从制造企业处购买制造企业自产的"小熊迷你加湿器"并进行出售。经销商企业信息如表 2-7 所示。

表 2-7　经销商企业信息

企 业 名 称	企 业 信 息
北京美迪电器销售有限公司	法人：范晓力 统一社会信用代码：91110114745862931H 企业地址：北京市朝阳区建国路 15 号 开户行：招商银行北京朝阳支行 银行账号：6226201907490150
山东精益经贸有限公司	法人：刘爱雨 统一社会信用代码：91110114745862932T 企业地址：山东省济南市历下区经十路 1648 号 开户行：招商银行山东省济南市历下区经十路支行 银行账号：6226201907500160

企 业 名 称	企 业 信 息
天津世达贸易公司	法人:费云祥 统一社会信用代码:91110114745862933D 企业地址:天津市东丽区津塘公路 134 号 开户行:招商银行天津市东丽区支行 银行账号:6226201907500160

公司组织架构与部门岗位设定:本环境中对于经销商企业的岗位设置只有总经理,其他均为部门替代,不设置具体岗位,如图 2-5 所示。

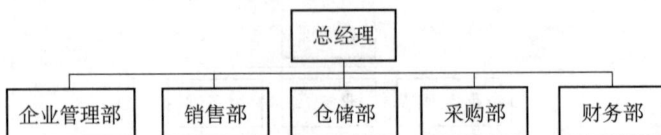

图 2-5　经销商企业组织架构

4. 其他企业或机构

为辅助制造企业的业务开展,本环境中设计多种辅助企业或机构,包括物流企业、银行、工商局、税务局、人社局。以上企业或机构信息如表 2-8 所示。

表 2-8　企业/机构信息

企业/机构名称	企业/机构类型	企 业 信 息
快必达物流有限公司	物流企业	法人:杨超 统一社会信用代码:91110114745862918Y 企业地址:上海市青浦区徐泾镇明珠路 1018 号 开户:招商银行上海市青浦区徐泾镇明珠路 支行银行账号:6226201907360020
北京招商银行	银行	法人:刘慈仁 统一社会信用代码:91110114745862944X 企业地址:北京市深南大道 7088 号 开户:招商银行 银行账号:6226201907520190X
工商行政管理局	工商局	统一社会信用代码:91110114745862934X 企业地址:北京市通州区永安南路 23 号 开户行:招商银行 银行账号:6226201907390050
北京税务局	税务局	统一社会信用代码:91110114745862920P 企业地址:北京市天河区花城大道 19 号 开户行:招商银行 银行账号:6226201907380040

续表

企业/机构名称	企业/机构类型	企业信息
北京人力资源和社会保障局	人社局	统一社会信用代码:91110114745862919B 企业地址:北京市连新路 43 号 开户行:招商银行 银行账号:6226201907380040

其他企业或机构的部门岗位设定如表 2-9 所示。

表 2-9 其他企业/机构部门岗位设定

企业/机构名称	设立部门(岗位)
快必达物流有限公司	企业管理部(设置总经理岗位)、业务部
北京招商银行	营业大厅(设置银行柜员岗位)
工商行政管理局	服务大厅(设置工商专员)
北京税务局	服务大厅(设置税务专员)
北京人力资源和社会保障局	服务大厅(设置社保公积金专员)

以上是本课程中将涉及的所有企业类型,企业相应部门的部门数据与部门制度,在商业环境构建完成后可进入对应的部门中进行查看。

任务试题

1. 本课程中核心企业的类型是( )。

A. 供应商企业　　B. 制造企业　　　　C. 工商局　　　　D. 税务局

2. 下列不是小熊迷你加湿器产品的必要原材料的是( )。

A. 迷你加湿器水箱　　　　　　　B. 加湿器下底座

C. 加湿器雾化器　　　　　　　　D. HB-003 辅助套件

2.1.4 认知业务关系

讲解内容

本环境中的商业企业已经介绍完毕,这些企业在现实中的业务往来是非常复杂的,这里我们以几种现实中经常发生的业务为例,来具体看一下这些企业之间的业务关系。

下面以制造企业为业务核心,来对前面提到的企业之间的业务关系做介绍,制造企业核心业务类型包括采购业务、销售业务、费用业务与税务业务。其中,费用业务为制造企业内部业务,在业务关系图中不作展示。下面就以制造企业采购业务、销售业务与税务业务为例,绘制业务关系图如图 2-6 所示,图中以不同形式的箭头来表示业务之间的物流、信息流与资金流。

业务相关企业包括制造企业、原材料供应商、产成品经销商、物流、银行、工商局、税务局和人社局。业务具体流程如表 2-10～表 2-13 所示。

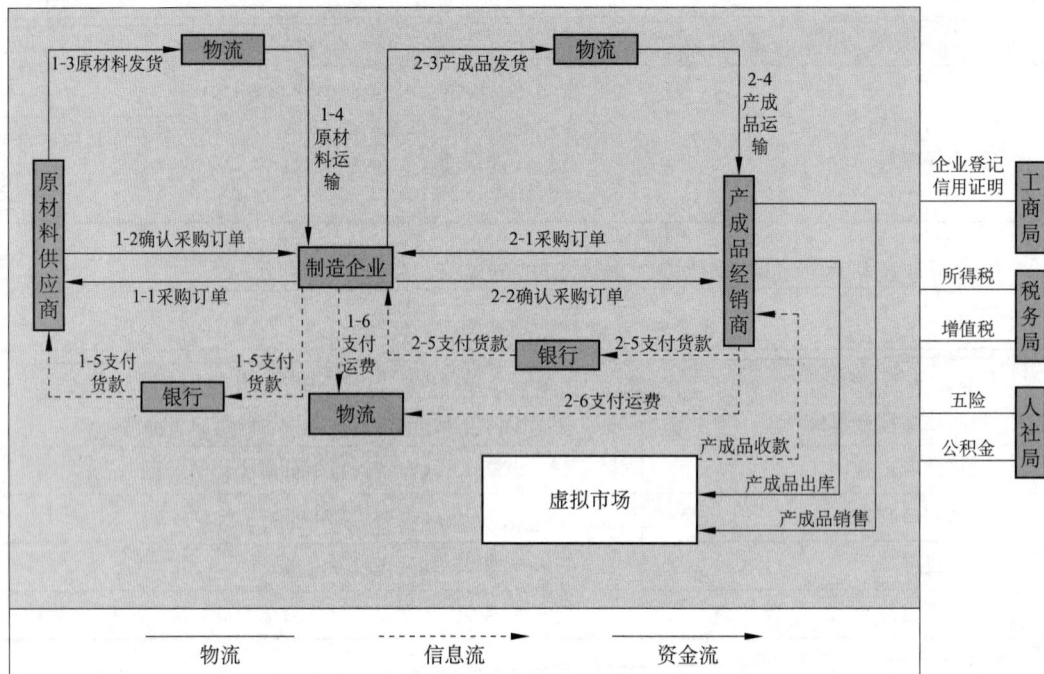

图 2-6　业务关系图

表 2-10　采购业务流程

业务流程	企　业	描　述
发起原材料采购订单	制造企业	制造企业向供应商达成合作意向并下达原材料采购订单
确认采购订单	供应商企业	接收到制造企业发来的采购订单进行确认
原材料发货	供应商企业	确认采购订单后供应商仓储部备货进行发货
原材料运输	物流企业	物流企业接收到供应商企业的发货申请,进行货品运输
支付货款	制造企业	制造企业对接收到的原材料进行验收入库并进行货款支付
支付运费	制造企业	制造企业支付运输费用
财务处理	制造企业	制造企业依据付款凭据进行财务处理

表 2-11　销售业务流程

业务流程	企　业	描　述
接收采购订单	制造企业	制造企业与经销商达成合作意向并接收到产成品采购订单
确认采购订单	制造企业	制造企业对接收到的采购订单并制定销售订单
产成品发货	制造企业	制造企业制定销售订单后通知仓储部备货进行产成品发货
产成品运输	物流企业	物流企业接收到制造企业的发货申请,进行货品运输
支付货款	经销商企业	经销商企业对接收到的产成品进行验收入库后进行货款支付

表 2-12　个税申报流程

业 务 流 程	企业	描　　述
整理汇总工资表、员工信息	制造企业	汇总工资表与员工信息
填写"个人所得税基础信息表"	制造企业	依据工资表与员工信息表填写个人所得税基础信息表并提交税务局
审核个人所得税基础信息表	税务局	审核通过后扣缴税费并打印缴税凭证
财务处理	制造企业	依据缴税凭证进行财务处理

表 2-13　增值税申报流程

业 务 流 程	企业	描　　述
填写增值税申报表	制造企业	准备上期的进项/销项税,汇总并整理
审核增值税申报表	税务局	审核通过后扣缴税费并打印缴税凭证
财务处理	制造企业	依据缴税凭证进行财务处理

以上是对当前商业环境中常见的业务流程的分析,在了解当前商业环境业务流程的基础上,后续课程我们将着手构建联盟链商业业务环境。

📖| 任务试题

1. 以下业务不是本课程中制造企业核心业务的类型的是(　　)。

　　A. 采购业务　　　　B. 审计业务　　　　C. 销售业务　　　　D. 生产业务

2. 以下商业环境区块链化的优势在"认知商业企业""认知业务关系"资源中没有提到的是(　　)。

　　A. 分布式存储实现信息、资金二流合一

　　B. 共识机制、密码学机制实现对价值的传输

　　C. 集体维护机制提高信息质量

　　D. 加密机制提高数据安全性

3. 在"认知商业企业""认知业务关系"资源中提出的区块链商业环境构建方案中没有提到区块链的是(　　)。

　　A. 应用层　　　　B. 合约层　　　　C. 数据层　　　　D. 激励层

2.2　构建联盟链基础环境

经过前面章节的学习,我们了解了联盟链运行的流程,也了解了商业环境中需要存在的企业与企业架构。本节开始,我们将利用平台的联盟链构建沙盘,开始动手构建联盟链商业环境。

基于对超级账本的运行流程的回顾,我们知道 CA、Client、排序节点是支撑超级账本运行的最基础的技术组成,下面就从这三种技术组成开始构建课程所需要使用的联盟链商业环境。

2.2.1 创建联盟

📅 **实训操作**

单击任务界面下方的【组件库】,看到"联盟"组件,单击组件,将组件拖曳到界面对应区域,单击【添加】按钮,看到界面中间出现本组件,如图 2-7 所示。

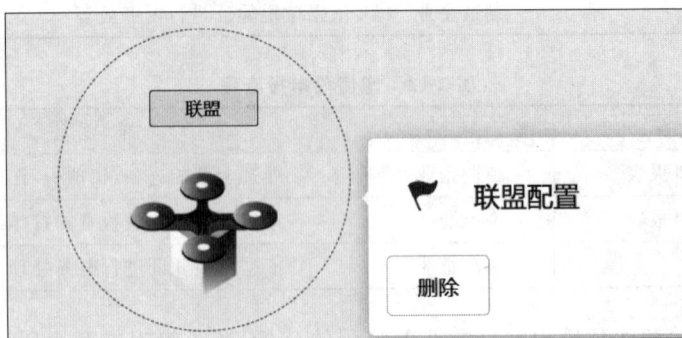

图 2-7 创建联盟操作界面

单击界面中的联盟组件,在右侧出现"联盟配置",单击后出现当前组件的详细配置项,我们对配置项依次进行配置,建议配置内容如下。

联盟名称:会计联盟。

联盟描述:本课程中的唯一联盟。

联盟链中的成员:这里在后续创建企业后,将会显示出来所有的企业名称,不需要进行手动配置,当前任务中没有显示是因为还没有企业加入本联盟中。

配置完成,单击【执行配置】,系统提示执行完成后,关闭详细配置界面,看到联盟名称发生变化,如图 2-8 所示。本任务完成,单击界面右上角【完成】按钮,进入下一个任务。

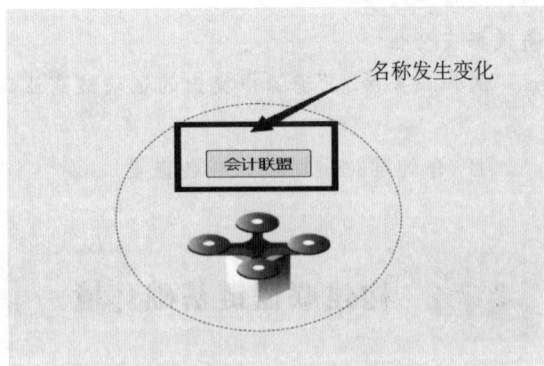

图 2-8 创建联盟配置完成界面

📋 **任务试题**

1. 在 Fabric 中的联盟和通道的关系是( )。

A. 一对多的关系,通道可以对应多个联盟

  B.　一对多的关系,联盟必须和通道 Channel 并存

  C.　通道与联盟不能并存

  D.　联盟的所有配置可以独立存在

2.　MSP 的作用是(　　)。

  A.　用于定义身份验证   B.　承担信息数据载体

  C.　允许访问网络的规则   D.　交易数据验证

3.　下列关于联盟说法正确的是(　　)。

  A.　在 Fabric 中联盟不能为空,必须包含一个组织机构

  B.　联盟的所有配置都是记录在系统 Channel 的配置区块中

  C.　添加联盟就必须修改区块中的数据

  D.　Fabric 中的联盟和通道是多对多的关系

2.2.2　创建联盟 CA Server

⊕ 讲解内容

  通过前面的学习,我们知道 CA 机构是给联盟链成员发放数字证书的。那么在创建联盟后,我们首先就需要创建 CA Server,为后续需要加入本联盟的成员进行证书的发放。

⊞ 实训操作

  单击任务界面下方的【组件库】,看到 CA Server 组件,单击组件,将组件拖曳到界面对应区域,单击【添加】按钮,看到界面中间出现本组件,单击界面中的组件,出现当前组件的配置项,本组件包括三个配置项。

  (1) 如图 2-9 所示,本组件的三个配置项需要依次配置。在第一项未配置完成时,后面的配置项为不可单击的状态,单击配置项打开详细配置界面,建议配置内容如下。

图 2-9　组件配置操作界面

CA Server Id:FabricCaRootServer。

组件名称:会计联盟 RootCaServe。

组件描述:用于审核所有加入联盟链的成员,并颁发证书。

安装包下载路径:默认路径,不需要修改。

安装状态:自动安装。

补充说明:在组织名称中系统给出了默认名称,但是我们自己也可以进行修改。之所以需要配置安装包下载路径,是因为本平台模拟的是在从超级账本开源平台中下载安装 CA Server 的过程,所以我们需要将下载出来的 CA Server 安装包相关的文件存储在自己的设备中。

单击【生成】,出现两条运行命令,依次单击命令后面的【运行命令】即可完成本任务。另外,后续如需修改详细配置项中的内容,如组件名称,修改后我们同样需要单击【生成】,然后单击【运行命令】才能够修改成功。

(2) Fabric CA Server 基本配置完成后,第二个配置项"初始化 Fabric CA Server 服务"变为可单击状态,单击后进入详细配置界面,建议配置内容如下。

初始化路径:默认路径,不需要修改。

初始化状态:命令初始化。

账户名称:admin。

账户密码:admin123。

补充说明:这里的初始化是在为我们后续登录 CA 时设置一个账号与密码,这里的账户名称系统给出了一个默认账户,我们可以进行修改,账户密码需要我们自己设置。这里的账户名称和密码需要记录下来,在后续的任务中将会经常用到。如果我们忘记了账户密码,可以单击账户密码后面的小眼睛查看密码。

单击【生成】,出现一条运行命令,单击命令后面的【运行命令】即可完成本任务。另外,后续如需修改详细配置项中的内容,如账户名称,修改后我们同样需要单击【生成】,然后单击【运行命令】才能够修改成功。

(3) 初始化 Fabric CA Server 服务配置完成后,第三个配置项"Fabric CA Server 启动设置"变为可单击状态,单击后进入详细配置界面,建议配置内容如下。

启动路径:默认路径,不需要修改。

启动状态:命令启动。

单击【生成】后,单击命令行后的【运行命令】。

是否启动 TLS:是。

TLS 证书文件:默认路径,不需要修改。

TLS 密钥文件:默认路径,不需要修改。

是否进行身份验证:clientcert。

补充说明:TLS 表示安全传输协议,启动本协议后能够为两个通信节点之间提供保密性和数据完整性。

单击【执行配置】,系统提示执行完成后,关闭配置界面,发现当前组件变为点亮状态,表明本任务完成。接着,单击界面右上角的【完成】按钮,即可进入下一个任务,如图 2-10 所示。

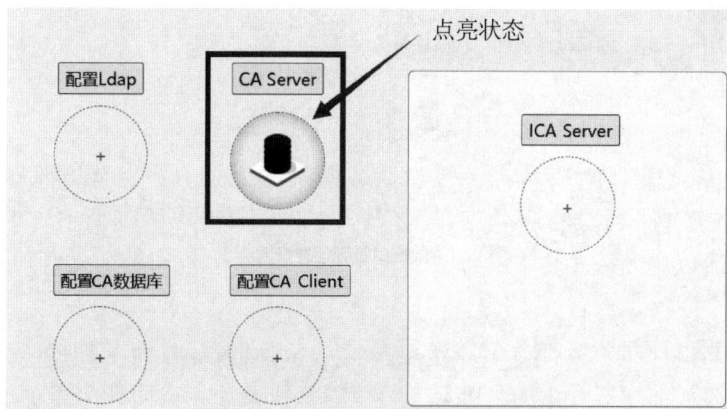

图 2-10 创建联盟执行配置操作界面

任务试题

1. TLS 可以用于加密（　　）。
   A. 其他通信 　　　　　　　　　　　B. 电子邮件
   C. 消息传递 　　　　　　　　　　　D. IP 语音（Voip）
2. CA 叫认证机构，是 Fabric 的证书颁发机构，它是由（　　）组成的。
   A. 服务器 　　　　　　　　　　　　B. 客户端
   C. 联盟链 　　　　　　　　　　　　D. 节点
3. CA Server 需要配置（　　）。
   A. 基本配置 　　　　　　　　　　　B. 初始化服务
   C. 启动设置 　　　　　　　　　　　D. 证书设置
4. 只有通过许可之后才可以访问区块链上的数据的是（　　）。
   A. CA 　　　　　　　　　　　　　　B. 组织
   C. 联盟链 　　　　　　　　　　　　D. 节点

2.2.3 创建 CA 数据库

讲解内容

CA Server 已经创建并启动完成，可以为联盟链中的成员发放证书，这时我们需要有一个地方来记录 CA 发放过的所有证书。那么，在超级账本中，用于记录这些证书的地方就是 CA 数据库。

实训操作

单击任务界面下方的【组件库】，看到"CA 数据库"组件，鼠标左键选中组件，将组件拖曳到界面对应区域。单击【添加】按钮，看到界面中间出现本组件，单击界面中的组件，出现当前组件的配置项。本组件包括一个配置项，单击进入详细配置界面，如图 2-11 所示。

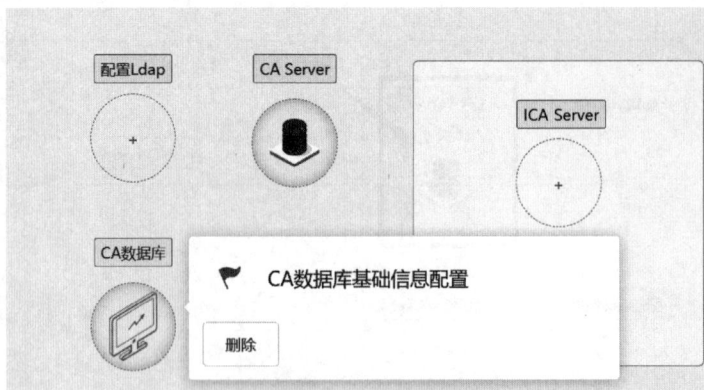

图 2-11 详细配置界面

建议配置内容如下。

数据库 ID：CA Server。

数据库名称：RootCa 数据库。

数据库描述：用于存储 CA 机构发放的所有证书。

数据库类型：Sqlite。

数据库文件存储路径：默认路径，不需要修改。

CA Server 服务器：会计联盟 RootCaServer。

端口号：7060。

CA 数据库账户：sqluser。

CA 数据库密码：sqluser123。

补充说明：数据库名称系统提供了默认名称，可以进行修改。数据库类型中有三种数据库，这三种数据库都是超级账本能够对接的数据库管理系统，三种数据库系统详情如下。

Sqlite：一个轻量级别数据库，是超级账本自带的一种数据库管理系统。

PostgreSql：一种特性非常齐全的自由软件的对象—关系型数据库管理系统。

Mysql：它是最流行的关系型数据库管理系统之一。

CA Server 服务器中选择的是我们在创建联盟 CA Server 任务中创建的 CA Server 的组件名称。CA 数据库账户和密码可以修改为自己方便记忆的内容。

单击【执行配置】，系统提示执行完成后，关闭配置界面，发现当前组件变为点亮状态，本任务完成，单击界面右上角【完成】按钮，进入下一个任务，如图 2-12 所示。

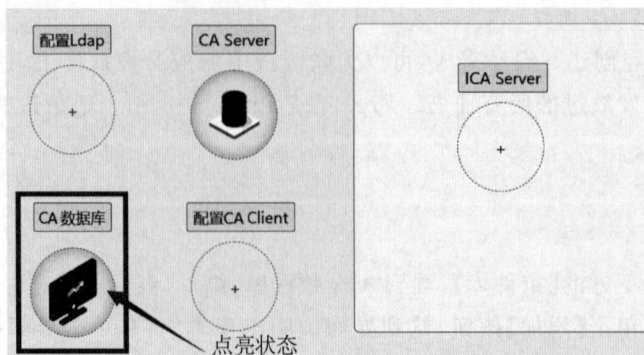

图 2-12 创建 CA 数据库执行配置操作界面

📝 **任务试题**

1. 以下数据库类型属于轻量级别数据库的是(　　　)。
   A. Mysql　　　　　　B. PostgreSql　　　　　C. Python　　　　　　D. Sqlite

2. 位于 TCP/IP 协议与各种应用层协议之间,为数据通信提供安全支持的是(　　　)。
   A. SSL　　　　　　　B. CA　　　　　　　　C. CA Server　　　　　D. Root CA

3. CA Server 数据库基础信息配置需要注意的是(　　　)。
   A. CA 数据库账户　　　　　　　　　　B. CA Server 服务器
   C. SSL 鉴权类型　　　　　　　　　　D. CA 数据库密码

2.2.4　创建目录访问协议

🌐 **讲解内容**

　　LDAP 又称轻型目录访问协议,使用 LDAP 能够在区块链中快速检索到自己想要的数据。它就像我们读书时使用的目录,通过查看目录,就能够很快速地知道我们想要查看的内容所在的页码。

📋 **实训操作**

　　单击任务界面下方的【组件库】,找到 LDAP 组件,使用鼠标左键选中该组件,将组件拖曳到界面对应区域,单击【添加】按钮,界面中间即可出现该组件。接着,单击界面中的LDAP 组件,会弹出该组件的配置项窗口。本组件包括一个配置项,单击该配置项进入详细配置界面,如图 2-13 所示。

图 2-13　创建目录访问协议操作界面

　　建议配置内容如下。

　　LDAP Id:LDAP。

　　LDAP 名称:轻型目录访问协议。

　　LDAP 描述:用于在区块链中进行快速检索信息。

　　是否启用 LDAP:true。

　　服务器 Id:系统给出的默认值,不需要修改,这里的服务器就是 CA Server 的 Id。

服务器地址：ldaps admin admin123。

补充说明：服务器地址中的 Ldap 与 ldaps 的区别就在于 ldaps 具有加密功能。服务器地址后面是我们在创建联盟 CA Server 任务中，初始化 Fabric CA Server 服务详细配置中我们设置的账户名称与账户密码，如图 2-14 所示。

图 2-14　初始化 Fabric CA Server 服务

单击【执行配置】后，系统提示执行完成，随即关闭配置界面。此时，发现当前组件变为点亮状态，表示本任务已完成。接着，单击界面右上角的【完成】按钮，即可进入下一个任务，如图 2-15 所示。

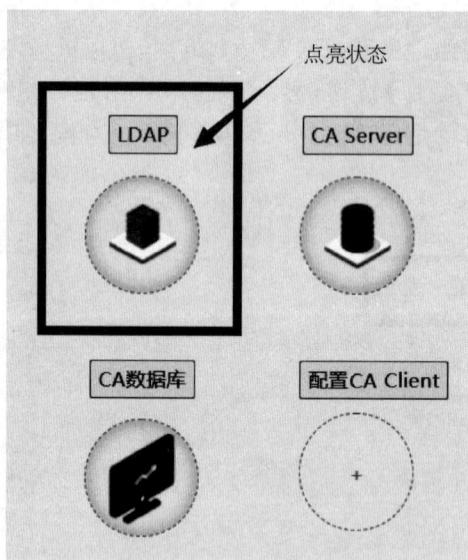

图 2-15　创建目录协议执行配置操作界面

任务试题

1. LDAP 的一个常用用途是（　　）。
   A. 单点登录　　　B. 多点登录　　　C. 无用途

2. LDAP 是（　　）。
   A. 轻型目录访问协议　　　　　B. 数据库
   C. 服务器　　　　　　　　　D. 用户

2.2.5　创建 ICA

🗓 实训操作

单击任务界面下方的【组件库】,在其中找到 ICA 组件,使用鼠标左键选中该组件,并将组件拖曳到界面对应区域,单击【添加】按钮后,界面中间即出现该组件。接着,单击界面中的 ICA 组件,会弹出当前组件的配置项窗口,显示该组件包括的两个配置项。

如图 2-16 所示,本组件的两个配置项需要依次配置,只有在第一项配置完成后,第二项配置的详细配置界面中才会显示相关数据。建议配置内容如下。

图 2-16　创建 ICA 操作界面

配置中间 CA 数量如下。

CA Server 名称:会计联盟 RootCaServer。

CA Server 账户:admin。

CA Server 密码:admin123。

ICA 数量:1。

补充说明:这里的 CA Server 名称就是创建联盟 CA Server 任务时创建的 CA 组件名称,相应的账户密码将自动填充。

单击【生成】,出现一条运行命令,单击该命令后面的【运行命令】,即可完成本任务。另外,后续如需修改详细配置项中的内容,如 ICA 数量,在修改后,我们同样需要单击【生成】,然后单击【运行命令】,才能够修改成功。

配置中间 CA 数量完成后,进入 ICA 基础信息配置,建议配置内容如下。

Ica1 Id:ICA1。

ICA 名称:第一个中间 CA。

补充说明:这里的中间 CA 的数量是根据上一步在配置中间 CA 数量中设置的数量生成的,这里我们只需要给生成的中间 CA 起一个名称即可,名称可以自定义命名。

单击【生成】,出现一条运行命令,单击命令后面的【运行命令】,即可完成本任务。另外,后续如需修改详细配置项中的内容,如 ICA 名称,在修改后,我们同样需要单击【生成】,然后单击【运行命令】,才能够修改成功。

命令运行成功后,关闭当前配置界面,发现界面右侧出现我们创建的中间 CA,这表示本任务已完成。接着，单击界面右上角【完成】按钮，即可进入下一个任务，如图 2-17 所示。

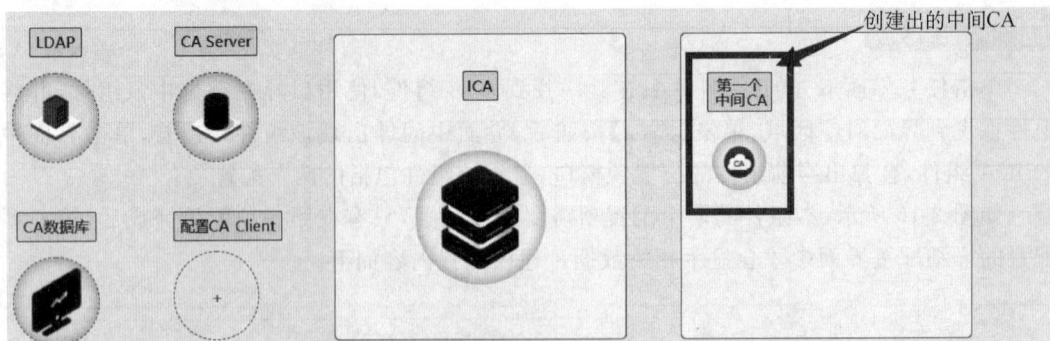

图 2-17 操作完成界面

任务试题

1. 中间 CA 是能够代替( )进行授权的机构。

　　A. 根 CA 　　　　　　B. 管理员 　　　　　　C. 组织 　　　　　　D. 节点

2. 通过中间 CA 授权的组织也能够加入( )。

　　A. 客户端 　　　　　　B. 组织 　　　　　　C. 节点 　　　　　　D. 联盟链

3. 配置 ICA 的数量是通过( )。

　　A. 联盟链中中间 CA 的数量 　　　　　　B. 节点的数量

　　C. 组织的数量 　　　　　　D. Fabric 的数量

2.2.6 创建 CA 客户端

讲解内容

与 CA 相关的所有服务都已构建完成。但是现在对于 CA 的使用者来说，我们需要一个能够方便操作 CA 的人机交互界面。这就好比手机中的微信，它是一个我们与腾讯服务器进行人机交互的界面。那么，用于与 CA Server 进行人机交互的界面就是 CA 客户端。

实训操作

单击任务界面下方的【组件库】，找到 CA Client 组件，单击该组件，将组件拖曳到界面对应区域，单击【添加】按钮后，界面中间即可出现该组件。接着，单击界面中的组件，会弹出当前组件的配置项窗口，显示该组件包括两个配置项。

如图 2-18 所示，本组件的两个配置项需要依次配置，只有在第一项配置完成后，才能进行第二项配置的详细配置。建议配置内容如下。

图 2-18　创建 CA 客户端操作界面

基础信息配置如下。

组件 Id：Fabric CA Client。

组件名称：Fabric CA Client。

组件描述：用户使用客户端与 CA 进行交互。

安装包下载路径：系统默认路径，不需要修改。

安装状态：自动安装。

补充说明：组件名称可以自定义修改。

单击【生成】，出现一条运行命令，单击命令后面的【运行命令】，即可完成本任务。另外，后续如需修改详细配置项中的内容，如组件名称，修改后需要再次单击【生成】，然后单击【运行命令】，才能够修改成功。

基础信息配置完成后，进入认证管理员，建议配置内容如下。

CA Server 名称：会计联盟 RootCaServer。

CA Server 账户：admin。

CA Server 密码：admin123。

身份类型：admin。

加密算法：系统默认值，不需要修改。

加密长度：系统默认值，不需要修改。

补充说明：这里的 CA Server 名称就是创建联盟 CA Server 任务时所创建的 CA 组件名称，账户密码将自动填充。身份类型中的 admin 则表示管理员身份。SHA 是哈希加密算法中的一种，"256"则表示使用本加密算法生成密文的长度为 256 位。

单击【生成】，出现一条运行命令，单击命令后面的【运行命令】，待命令运行成功后，关闭配置界面。随后，出现一个 CA 管理员组件，单击该 CA 管理员组件，使用在创建联盟 CA Server 中初始化的账户和密码，即可登录客户端。

登录成功后，会看到如图 2-19 所示，本任务完成。接着，单击界面右上角【完成】按钮，即可进入下一个任务。

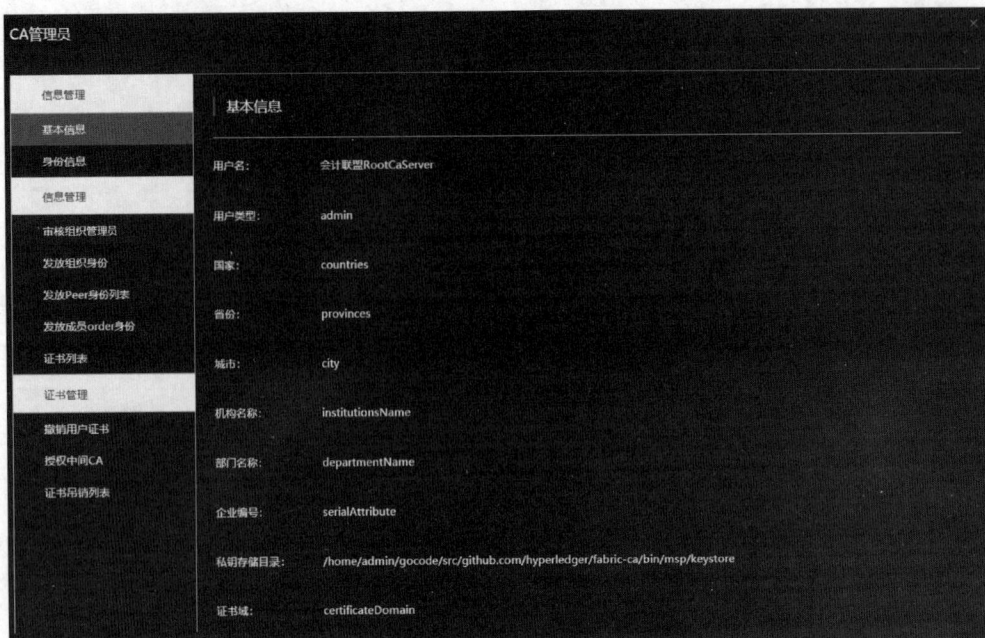

图 2-19 创建 CA 客户端操作完成界面

任务试题

1. 客户端是用户与( )发送请求进行交互的接口。

　A. 节点　　　　　　　　　　　　　　B. 组织

　C. Fabric 网络组件　　　　　　　　　D. CA 数据库

2. Fabric CA 客户端,用于审核( )。

　A. 加入联盟的组织　　　　　　　　　B. 添加的节点

　C. 企业信息　　　　　　　　　　　　D. 管理员认证

3. 客户端包含( )。

　A. Fabric 客户端　　　　　　　　　　B. CA Client

　C. Fabric CA 客户端　　　　　　　　 D. CA 数据库

2.2.7　创建共识机制

讲解内容

　　通过上面课程的学习,我们已经将超级账本中 CA 与客户端的环境构建完成,下面我们就需要继续构建超级账本中的共识排序服务,在超级账本中使用的共识机制为 Kafka,订阅—分发机制,使用这种共识机制,超级账本能够将区块分发给不同的通道,下面我们就来一起体验构建的过程。

实训操作

　　单击任务界面下方的【组件库】,看到 Kafka 组件,使用鼠标左键选中该组件,将组件拖曳到界面对应区域,单击【添加】按钮后,界面中间即可出现该组件。接着,单击界面中的

Kafka 组件,会弹出当前组件的配置项窗口,显示本组件包括一个配置项,单击进入详细配置界面,如图 2-20 所示。

图 2-20　操作界面

建议配置内容如下。

Kafka Id:kafka0。

共识机制名称:订阅—分发机制。

启动开关:always。

补充说明:启动开关中 always,表示本共识一直处于开启状态。

单击【生成】,出现一条运行命令,单击命令后面的【运行命令】即可完成本任务。另外,后续如需修改详细配置项中的内容,如共识机制名称,修改后我们同样需要单击【生成】,然后单击【运行命令】,才能够修改成功。

命令运行成功后,关闭配置界面,会发现当前组件变为点亮状态,表明本任务完成。接着,单击界面右上角的【完成】按钮,即可进入下一个任务。

📋 **任务试题**

1. Kafka 是一个分布式消息队列,具有(　　)特性。

　　A. 高性能　　　　　　　　　　B. 持久性

　　C. 多副本备份　　　　　　　　D. 横向拓展能力

2. Kafka 共识配置包含(　　)。

　　A. 基本信息配置　　　　　　　B. 共识重试配置

　　C. 共识网络配置　　　　　　　D. 安全传输协议

2.2.8　创建排序节点

📅 **实训操作**

单击任务界面下方的【组件库】,看到 Order 组件,使用鼠标左键选中该组件,并将组件拖曳到界面对应区域,单击【添加】按钮后,界面中间即可出现该组件。接着,单击界面中的 Order 组件,会弹出当前组件的配置项窗口,显示本组件包括三个配置项,如图 2-21 所示。

如图 2-21 所示,本组件的三个配置项都需要进行配置,第一项配置为“节点身份信息配

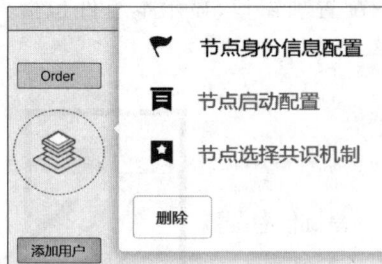

图 2-21　操作界面

置”,这里有一个关键词“身份信息”,出现此类关键词则证明本步骤需要 Ca 给我们颁发身份证书。在 CA 颁发身份证书之前,后面的配置项为不可单击状态。接着,单击配置项打开详细配置界面,建议配置内容如下。

节点身份信息配置如下。

节点 Id:orderer0。

节点名称:排序节点。

监听端口:6090。

CA Server 名称:会计联盟 RootCaServer。

CA Server 账户:系统自动带出,不需要修改。

CA Server 密码:系统自动带出,不需要修改。

证书存储地址:系统默认值,不需要修改。

补充说明:这里的 CA Server 名称就是创建联盟 CA Server 任务时创建的 CA 组件名称,账户密码将自动填充,这里就是向 CA Server 发起身份证书的申请。

单击【生成】,出现一条运行命令,单击命令后面的【运行命令】即可完成本任务。另外,后续如需修改详细配置项中的内容,如节点名称,修改后我们同样需要单击【生成】,然后单击【运行命令】才能够修改成功。

命令运行成功后,关闭配置界面,我们会发现本组件后续的两个配置项还是不可单击状态,这是因为 CA 还没有给我们创建的排序节点发送身份证书,所以本任务到此为止已经完成。接着,单击界面右上角【完成】按钮,即可进入下一个任务,使用 CA 审核排序节点发放证书。

📖 任务试题

1. 以下是排序服务的是(　　)。

A. Orderer　　　　　B. Kafka　　　　　C. Fabric　　　　　D. Ssi

2. 排序服务将接收到的数据打包成块,并保存到(　　)中。

A. 组织　　　　　　　　　　　　　B. 区块链账本

C. 客户端　　　　　　　　　　　　D. CA 数据库

3. Orderer 排序节点在 Hyperledger Fabric 系统结构中处于(　　)。

A. 核心角色　　　　　　　　　　　B. 辅助角色

C. 无角色　　　　　　　　　　　　D. 认证角色

2.2.9 Ca 审核排序节点

⊕ 讲解内容

在上一步我们创建了排序节点,并向 CA 申请了身份证书,本任务我们就使用 CA 客户端完成对排序节点的审核。

▦ 实训操作

单击【CA 管理员】,输入账号密码登录管理员客户端。

登录成功后,单击【发放成员 Order 身份】,看到申请证书的排序节点,单击【通过身份】即完成本任务。接着,单击界面右上角【完成】按钮,即可进入下一个任务。

2.2.10 启动排序节点

⊕ 讲解内容

排序节点在获得 CA 发放的身份证书后,就可以进行后续的配置了。单击已经获取身份证书的排序节点,就可以看到后面的两个配置项变为可单击状态。这两个配置项需要依次完成配置,前一项未配置完成时,后面的配置项为不可单击状态。单击配置项,打开详细配置界面,建议配置内容如下。

节点启动配置如下。

节点 Id:orderer0。

加密方式:SW(软件实现)。

哈希算法:SHA。

加密长度:256。

是否启用安全传输协议:true。

安全传输协议私钥文件:系统默认值,不需要修改。

安全传输协议证书文件:系统默认值,不需要修改。

安全传输协议根证书文件:系统默认值,不需要修改。

是否启用客户端验证:true。

补充说明:加密方式有两种,一种是软件加密,就是系统使用程序算法加密;另一种是硬件加密,类似于我们现实生活中的网盾。

节点启动配置完成后,我们会发现节点已经变为点亮状态,这时排序节点已经能够正常运行了。但是,我们在讲解排序节点传输区块时,需要使用 Kafka 共识来判断区块应该发送给哪个通道,所以这里我们还需要将排序节点与共识机制进行关联。

单击节点,选择共识机制配置,建议配置内容如下。

共识机制:订阅—分发机制。

补充说明:这类的共识机制就是在创建共识机制任务中创建的共识机制名称。

单击【执行配置】,系统提示执行完成后,关闭配置界面,表示本任务完成,本章讲解结束。

任务试题

1. Orderer 节点启动配置（　　）。
   A. 加密配置　　　　　　　　　　B. 安全传输协议配置
   C. 共识机制　　　　　　　　　　D. 用户权限设置
2. Orderer 节点选择共识机制需要配置（　　）。
   A. BCCSP 配置　　　　　　　　　B. 安全传输协议配置
   C. 共识机制　　　　　　　　　　D. TLS 验证

第 3 章　基于区块链技术的采购业务分析与处理

3.1　采购业务现状解读

3.1.1　一般采购业务解读

⊕讲解内容

1. 采购定义

采购是指企业在一定的条件下,从供应市场获取产品或服务作为企业资源,以保证企业生产及经营活动正常开展的一项企业经营活动。采购实践可分为战略采购和日常采购两部分。

战略采购是一种有别于常规采购的思考方法,其主要区别在于战略采购注重的是"最低总成本",而常规采购注重"单一最低采购价格"。所谓战略采购,是一种系统性的、以数据分析为基础的采购方法。简单地说,战略采购是以最低成本建立服务供给渠道的过程。相反,常规采购是以最低采购价格获得当前所需资源的简单交易。

日常采购是指除首批采购外的其他采购行为。日常采购量的确定主要依据订单管理系统。对每种产品都设定一个最低库存和最高库存,并定期进行调整。例如,ZL300 这个产品,最高库存量为 2 000 套,最低库存量为 500 套,每周进行一次采购,每次采购 1 500 套左右。

2. 一般采购流程

一般来说,采用不同的采购方式,其相应的采购业务流程也会有所不同。但总的来说,作为一个完整的采购业务过程,其所遵循的业务流程是具有共性的。一般的采购业务执行都会包含以下步骤。

(1) 提出采购需求

这里的采购需求主要包括三个方面:一是对采购的产品做出清晰而准确的规定,同时也有助于供应商准确地理解;二是详细地制定产品的检验程序和规范;三是形成完整的采购文件,如采购合同、产品标准、技术协议等资料。总的来说,本步骤主要解决了"采购物品要达到什么样的标准"及相关采购文件的问题。这个步骤通常由企业中的业务部门提出。

（2）接收采购任务

接收采购任务是一项采购业务开始的任务来源。通常情况下，企业的各个部门会把采购需求报到采购部，采购部把所要采购的物资进行汇总，再将采购任务分配给各个采购职员，并下达相应的采购任务。有时，采购部也会主动根据企业的生产经营和销售情况，提出各种物资的采购计划，并交由企业各部门及企业领导核实后，形成采购任务。本步骤主要解决"为什么采购"的问题。

（3）选择供应商

每个企业都会处于一定的供应链之中，对于本企业供应链中已建立合作关系的供应商，采购人员可以直接将采购信息发给对方；对于非供应链中的供应商，采购人员可以通过信息收集，选择质量好、价格低、交货及时、服务周到的供应商进行合作，并制订相应的采购方案。本步骤主要解决了"从哪个供应商处进行采购"的问题。这个步骤一般由企业中的采购部门来完成。

（4）谈判与签订合同

在选定意向供应商后，采购人员还要与供应商进行反复谈判，讨论价格、质量、货期、售后服务等合作条件，最后以合同的形式明确这些条款，从而形成采购合同。供需双方签订采购合同意味着供需双方正式进入采购合作程序。

（5）订购与发出订单

一般来说，供需双方签了采购合同后，采购人员就可以向供应商发出订单。有时，采购合同中规定了采购订单的内容，使得采购合同就是订单。采购人员在向供应商发出购货订单时，一定要详细、具体地说明有关信息，诸如购货订单上的产品名称、规格、单价、需求数量、交货时间、交货地址等信息，都要准确无误。

（6）货运及按时交付

采购人在向合作的供应商发出采购订单后，接下来要面临货物运输及按时交付的问题。在实际工作中，货物可以由供应商运输，也可以由第三方运输公司运输，还可以由采购方自己提货。不管采取什么样的货运方式，采购人员都要密切关注货运过程，确保按时交货，以免影响正常的生产经营。通常情况下，供应商也会将本次货物的发票开具出来，和货物一起运输到采购企业处。

（7）验收入库

货物运到后，采购人员要配合仓储部门按照供需双方所签合同的规定，对货物的数量、质量等做好验收工作。一旦发现货物存在未达到合同规定或者违反合同规定的问题，采购人员就要及时向供应商反映。必要时，采购人员还可以向本企业的领导反映，确保货物符合合同规定。

（8）付款并结清票据

在采购过程中，付款往往是供应商最为关心的问题。一般情况下，企业在验收货物后，采购部门需要及时提出付款申请，并将相关的票据提交给财务部门进行审核付款。通过有序的付款行为，企业能够给供应商留下好的印象，使得企业的采购行为对供应商形成吸引力。另外，采购方在对供应商进行付款时，一定要结清相应的票据，确保付款行为有据可查。

3. 采购必知的会计知识

（1）票据知识

在采购过程中，不可避免地要和各种各样的票据打交道，因此，票据知识是采购人员必须具备的。广义的票据泛指各种有价证券和凭证，如债券、股票、发票等。而狭义的票据则仅指以支付金钱为目的的有价证券，即出票人根据《中华人民共和国票据法》签发的，由自己支付确定金额或委托他人无条件支付确定金额给收款人或持票人的有价证券。

在我国，票据是汇票、支票及本票的通称。一般来讲，票据具有信用、支付、汇兑和结算等职能，其特点是以支付一定金额为目的。票据本身所表示的权利与票据不可分离，其金额由出票人自行支付或委托他人支付，是一种可转让的证券。

补充说明：采购人员应当按照国家规定的票据知识和业务处理流程来开展采购活动，向供应商索要发票，并且及时上报财务部门。

（2）应付账款核算

应付账款是指企业因购买物料、商品和接收劳务供应等应付给供应单位的款项，主要对应企业经营活动的应付款。应付赔偿金、应付租金、存入保证金等非经营活动应付未付款不属于应付账款核算的内容。

应付账款通常是指因购买材料、商品或接收劳务供应等而发生的债务，是买卖双方在购销活动中由于取得物资与支付货款的时间不一致而产生的负债。在账款登记方面，应付账款的贷方应登记企业应付但未付的款项，借方应登记应偿还的应付账款、以商业汇票抵付的应付账款，期末贷方余额表示尚未支付的应付款项。

应付账款核算方面，企业在购买物资或劳务时，如果形成的应付账款附有现金折扣，应付账款应按照发票上记载的扣除折扣前的应付款总额入账。在折扣期间内付款所获得的现金折扣，应被用来冲减财务费用。

企业应设置"应付账款"科目，以核算应收账款的发生和偿还、抵付或转销等情况。转销无法支付的应付账款，应计入资本公积。

对于其他应付款项，企业应设置"其他应付款"科目进行核算，并按应付、暂收款项的类别及单位或个人设置明细科目。例如，未付律师顾问费计入应付账款的其他应付款项。

（3）发票知识

采购发票是供应商开给采购单位的进行付款、记账、纳税的依据。采购发票主要包括两种：采购专用发票与采购普通发票。

专用发票是指增值税专用发票，是一般纳税人销售货物或提供应税劳务所开具的发票。增值税发票上记载了销售货物的售价、税率及税额等，采购方以增值税专用发票上记载的购入货物已支付的税额作为扣税和记账的依据。

补充说明：增值税专用发票的概念是相对于增值税普通发票而言的，这两者是企业经营中最常见的增值税发票。而采购普通发票则是指除专用发票以外的其他收购凭证。

（4）账务处理

对于采购业务的账务处理可以分为以下情况。

① 当财务部门收到供应商的发票和其他单据但未付款时，将其与验收报告、采购订单进行核对无误后，编制记账凭证。

借：原材料

　　应交税费——应缴增值税

　　贷：应付账款——供应商

② 到付款日期时，财务部门在未收到发票的情况下完成向供应商的付款，同时编制记账凭证。

借：应付账款——供应商

　　贷：银行存款

③ 到付款日期时，财务部门依据发票内容完成向供应商的付款，同时编制记账凭证。

借：应付账款——供应商

　　应交税费——应缴增值税

　　贷：银行存款

📅 **实训操作**

学生依据采购案例描述，完成流程设计，采购案例如下。

2020 年 12 月 6 日，北京润美制造有限公司采购部财务接到由生产计划员提交，生产部经理审核通过的采购申请。采购财务依据申请内容在收集到几家符合要求的供应商后，制订出最终的采购策略方案，交由采购经理进行最终选定审核。采购经理审核通过后，将采购任务下达给采购员。采购员依据采购任务与供应商业务部门取得联系并签订采购合同，供应商业务部门依据合同内容向北京润美制造有限公司提供货品，并由财务部门开具货款发票。经物流业务部门运输，最终货品由北京润美制造有限公司仓管员进行验收入库。而后，采购员将向公司提交货品付款申请，由采购经理、财务经理审核通过后，最终由公司出纳通过银行完成对货款的支付并获取银行回单，将其交由财务会计以完成相应的账务处理。

学生制作完成业务流程设计图后，可以打开一般采购业务解读任务，查看任务中的业务流程画布，并将其与自己的设计图进行对比。任务中的流程画布即为案例的正确业务流程，但是画布中没有业务角色，只有企业。

📋 **任务试题**

1. 采购货款的结算方式包含（　　　　）。

　　A. 银行汇票　　　　B. 商业汇票　　　　C. 支票　　　　　　D. 汇兑

2. 以下不包含采购业务流程的是（　　　　）。

　　A. 提出销售需求　　　　　　　　　　B. 选择供应商

　　C. 验收入库　　　　　　　　　　　　D. 付款并结清票据

3.1.2　分析采购业务企业

📅 **实训操作**

依据前一任务的流程图，在本任务的画布业务流程名称后方"企业""岗位"下拉框中选择对应的业务企业类型与业务岗位角色，填写完成后，单击下方【保存】按钮，即可完成本任务。与采购业务相关的业务企业与业务岗位如表 3-1 所示。

表 3-1　与采购业务相关的业务企业与业务岗位

序号	业务步骤	企　　业	岗　　位
1	提交采购申请单	制造企业——生产部	生产计划员
2	审核采购申请	制造企业——生产部	生产部经理
3	选择供应商	制造企业——采购部	采购部财务
4	制定采购策略	制造企业——采购部	采购部财务
5	下达采购任务	制造企业——采购部	采购部经理
6	起草采购合同	制造企业——采购部	采购员
7	签订采购合同	供应商	业务部
8	发货	供应商	业务部
9	开具发票	供应商	财务部
10	物流运输货品	物流	业务部
11	验收入库	制造企业——仓储部	仓管员
12	提交付款申请	制造企业——采购部	采购员
13	审核付款申请	制造企业——采购部	采购部经理
14	审核付款申请	制造企业——财务部	财务部经理
15	通知银行付款	制造企业——财务部	出纳
16	转账	银行	银行柜员
17	接收银行回单	制造企业——财务部	出纳
18	记账	制造企业——财务部	财务会计

📋 任务试题

采购需求包含(　　)。

A. 对采购产品做出清晰而标准的规定　　　B. 制定详细的产品的检验程序和规范

C. 形成完整的采购文档　　　　　　　　　D. 付款并结清票据

3.1.3　创建组织并认证链上身份

🌐 讲解内容

针对采购业务，我们已经完成了对业务流程与业务相关企业、岗位角色的分析。如果我们想要在联盟链中进行业务操作,那么就需要将这个企业与岗位角色进行上链操作,在企业与岗位角色上链完成后,我们就能够在联盟链环境中进行采购业务操作。下面开始进行企业上链与岗位上链。

依据在联盟链运行原理章节中讲解的内容,在联盟链中,组织的概念就相当于现实中企业的概念,所有我们说的企业上链,就是在联盟链中创建组织的过程。下面就以北京润美制造有限公司为例,进行企业上链的实操。

实训操作

单击任务界面下方的【组件库】,找到"组织"组件,单击该组件,将组件拖曳到界面对应区域,单击【添加】按钮,界面中间出现本组件。

单击画布中的组织组件,单击组织基础信息配置,在右侧滑出框中进行组件配置。在本任务中,我们只需要创建制造企业即可。

建议配置内容如下。

ID:默认 org1,组件的唯一标识,不建议修改。

组织/机构类型:制造企业。

组织/机构名称:北京润美制造有限公司。

组织/机构部门:当前组织中包含的部门,系统默认数据,无须配置。

国家:当前组织的归属国。

省份:当前组织的归属省份。

城市:当前组织的归城市。

单击执行配置。

本配置完成后,可以看到组织名称发生了变化,继续单击组件,进行组织身份设置,如图 3-1 所示。

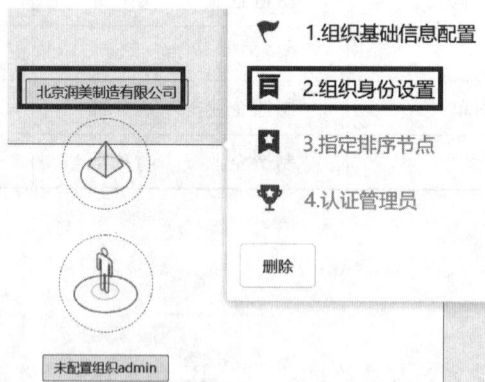

图 3-1　操作界面

单击组织身份配置,在右侧滑出框中进行组件配置,建议配置内容如下。

CA 机构:FabricCaRootServer,发放证书的 CA 机构,这里是向根 CA 申请身份证书。

组织/机构 ID:自动带出,当前申请人的 Id。

单击生成,单击运行命令。

访问策略:OR('org1MSP. admin','org1MSP. peer','org1MSP. client')。

写入策略：OR(org1MSP. admin)。

管理策略：OR(org1MSP. admin)。

加入策略：admin。只要 admin 允许，就能够接入联盟链。

补充说明：

(1) 访问策略表示组织内的哪些成员能够对组织内存储的数据进行查看,选中的内容表示组织中的管理员、岗位节点与组织用户都可以进行查看。

(2) 写入策略表示组织内的哪些成员有向组织内存储数据的权限,选中的内容表示只有管理员具有权限。

(3) 管理策略表示组织内的哪些成员具有管理其他成员的权限,选中的内容表示只有管理员具有权限。

(4) 加入策略表示有新成员加入本组织时需要谁审核,选中的内容表示管理员审核后即可加入。另一个选项 And(admin,peer)表示,新加入的成员需要管理员与已经加入组织的成员全部审核通过才允许加入本组织。

配置完成后,单击【执行配置】按钮,系统提示"执行完成"后,则完成本任务。本任务是向 CA 机构申请身份认证,在 CA 机构审核通过之前,后续的配置内容是无法继续进行的。因此,执行完成后即可进入下一任务。

📖 任务试题

1. Fabric 系统是通过(　　)来划分的。

　　A. 节点　　　　　　B. 组织　　　　　　C. 排序服务　　　　D. 数据库

2. 下列关于组织说法正确的是(　　)。

　　A. 组织不需要节点

　　B. 每个组织都有自己对应的 Fabric-ca 服务器

　　C. 组织是承担着数据信用责任的区块链系统参与方

　　D. Fabric 系统中所有的组织共用一个 Orderer 集群

3.1.4　CA 审核组织身份

🖥 实训操作

单击画布中的 CA 管理,输入 CA 管理的账号与密码进入 CA 客户端。

在 CA 客户端中,进入发放组织身份界面,查看北京润美制造有限公司发起的身份申请,单击【发放身份】,系统提示"发放身份成功"后,完成本任务。

📖 任务试题

CA 管理员的作用是(　　)。

A. 审核组织管理员　　　　　　　　B. 发放组织 Org 身份

C. 发放 Peer 身份　　　　　　　　　D. 发放成员 Order 身份

3.1.5　组织制定排序节点

🌐 讲解内容

在联盟链上,每个链上企业都需要指定一个排序节点,负责对其上传和接收的数据进行排序打包。后续,我们需要在组织中添加节点,每个加入组织的节点都需要组织管理员进行审核。通过本任务,我们来完成组织指定排序节点与组织管理员的认证。

📅 实训操作

单击画布中北京润美制造有限公司组件,依次单击指定排序节点与认证管理员完成配置。

指定排序节点建议配置内容如下。

排序节点:这里是选择前面已经创建完成的排序节点。

选择完排序节点后,单击【执行配置】,进入下一个配置项,认证管理员建议配置内容如下。

管理员 ID:默认,每一个组织设置唯一的 ID 号。

管理员名称:润美管理员。这里是设置组织管理员的名称,可以自定义,建议为:企业名简称＋管理员

所属组织:默认,这里是组织 ID。

身份审核:FabricCaClient,当前管理员需要 CA 管理员进行审核,这里的选择就是 CA 管理员的客户端。

管理节点类型:选择组织管理能够管理的节点类型,这里选择的是 Peer 类型。

管理权限授权:选择组织管理能够赋予管理权限的节点类型,这里选择的是 Peer 类型。

生成吊销列表:true,管理员具有生成证书吊销列表的权限。

撤销成员证书:true,管理员具有撤销节点身份证书的权限。

管理成员身份:true,管理员具有管理组织成员关系的权限。

ICA 资格:true,管理员具有成为中间 CA 的资格。

单击【生成】,出现一条运行命令,单击命令后面的【运行命令】,即可完成本任务。本任务是向 CA 机构发起管理员身份证书申请,申请完成后,即可进入下一任务,使用 CA 客户端完成审核。

📋 任务试题

下列关于排序服务描述正确的是(　　　)。

A. 排序服务节点接收到网络中所有通道发出的交易信息

B. 接收到的排序服务节点生成的区块后,会验证区块交易的有效性

C. 所有的 Peer 节点都是记账节点

D. 读取交易信封获取通道名称

3.1.6　CA 审核组织管理员

📅 **实训操作**

单击画布中的 CA 管理,输入 CA 管理的账号与密码进入 CA 客户端。

在 CA 客户端中,进入审核组织管理员界面,查看北京润美制造有限公司管理员发起的身份申请,单击【通过身份】,系统提示"操作成功"后,完成本任务。

3.1.7　创建组织节点并审核

🌐 **讲解内容**

审核组织管理员成功后,在本任务的画布中能够看到组织与组织管理员的组件已变为点亮状态,如图 3-2 所示。

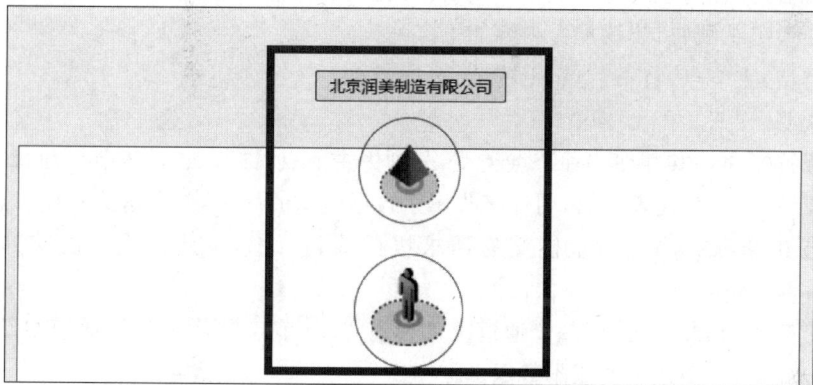

图 3-2　操作界面

此时,北京润美制造有限公司已经成功加入联盟链。我们知道,组织在联盟链中其实是一种关联关系,而非具体实体。在联盟链中,具有实体的只有节点(peer),节点是加入区块链中的通信设备,设备需要归属于某一企业,这样后续我们在联盟链中生成的业务数据都将使用节点进行存储,企业中的岗位角色也可以通过节点对联盟链中的数据进行查询。

我们将现实情况与联盟链进行类比。在现实世界中,企业的数据一般都需要存储在企业自己的服务器中,而企业的职工也需要使用计算机通过网络查询企业服务器中存储的数据。其实,联盟链与互联网相似,服务器与计算机都是联盟链中的节点。对于企业职员来说,要访问联盟链中的数据,都需要通过节点进行。在联盟链中,公司职员被称为用户。

北京润美制造有限公司已经加入联盟链中,现在我们需要为企业中的每个岗位都创建一个节点,以便于后续不同的岗位人员使用本节点与联盟链进行交互。下面以总经理节点为例,进行在联盟链中创建节点的操作。

📅 **实训操作**

单击任务界面下方的【组件库】,找到"节点"组件,单击该组件,将组件拖曳到界面对应区域,单击【添加】按钮,看到界面中间出现本组件。

单击画布中的节点组件,单击节点基本信息配置,在右侧滑出框中进行组件配置。在本任务中,我们只需要创建总经理即可。

节点基本信息配置,建议配置内容如下。

节点 ID:默认,节点的唯一标识。

节点名称:总经理,参考制造企业的岗位填写,每一个节点对应一个岗位。

端口:四位数字。

链码监听端口:四位数字。

事件监听端口:四位数字。

所属组织:默认,无须配置。

所属组织 ID:默认,无须配置。

组织 MSP:默认,无须配置。

补充说明:三个端口号不能够重复。

单击【执行配置】,系统提示执行完成后,可进入下一个配置项。

节点加入组织配置,建议配置内容如下。

节点类型:主节点、背书节点、记账节点、锚节点。

补充说明:

在超级账本中一共存在四种节点类型,分别为主节点、锚节点、记账节点与背书节点。

主节点(Leader):代表组织,用于接收属于自己组织的区块,并发送给其他节点。

背书节点(Endorser):对上链交易请求执行签名背书,以此证明本次交易是合法有效的。

记账节点(Committer):同一个通道上的所有 Peer 节点默认都是该通道组织上的记账节点,维护本节点上该通道的账本数据。

锚节点(Anchor):用于声明组织的通信地址,一个组织必须拥有一个锚节点,如果没有锚节点,则当前组织只能发送消息,无法接收消息。

一个节点可以同时是四种类型的节点。

在本课程中,我们统一使企业的总经理节点具备四种节点的权限,企业内的其他节点只具有记账节点的权限。

单击【生成】,出现一条运行命令,单击命令后面的【运行命令】后,在下方看到节点加入组织进度为待审核与查看组织签名,则证明运行成功。我们在创建组织时,设置加入策略是 Admin,所以节点在加入组织时需要组织管理员进行审核。组织签名下方没有数据,是因为当前节点还没有获得组织管理员的审核通过。

单击画布中的润美管理组件,打开管理员客户端,进入审核节点 Peer 加入组织界面,查看申请加入本组织的节点,单击【通过身份】完成对节点加入组织的审核。

节点审核通过后,继续单击节点组件,可以进行节点申请身份证书配置。

建议配置内容如下。

CA ID:FabricCaRootServer,这里直接向根 CA 发起身份证书申请。

证书名称:润美总经理证书,这里的名称建议使用"岗位名称+证书"字样。

补充说明:这里是向 CA 机构申请身份认证,所以在 CA 审核通过之前,无法进行后续配置。

单击【生成】,出现一条运行命令,单击命令后面的【运行命令】,系统提示成功后,本任务完成,可以进入下一任务进行实操。

任务试题

1. 节点主要的类型分别是(　　　)。
　A. 客户端节点　　　　　　　　　　　B. 普通节点
　C. 排序服务节点　　　　　　　　　　D. CA 节点
2. 本章涉及的普通节点类型有(　　　)。
　A. 主节点　　　　　　　　　　　　　B. 背书节点
　C. 记账节点　　　　　　　　　　　　D. 锚节点

3.1.8　CA 审核节点身份

实训操作

单击画布中的 CA 管理,输入 CA 管理的账号与密码进入 CA 客户端。

在 CA 客户端中,进入发放 Peer 身份列表界面,查看北京润美制造有限公司总经理发起的身份申请,单击【通过身份】,系统提示"发放身份成功"后,完成本任务。

任务试题

CA 管理员的作用是(　　　)。
A. 审核组织管理员　　　　　　　　　　B. 发放组织 Org 身份
C. 发放 Peer 身份　　　　　　　　　　D. 发放成员 Order 身份

3.1.9　启动节点

实训操作

CA 机构给节点颁发身份证书后,即可进行启动节点的操作。如果当前节点是锚节点,也需要进行启动锚节点的操作。

单击画布中的节点组件,单击启动节点,在右侧滑出框中进行组件配置,配置内容如下。

LSCC、QSCC、CSCC、ESCC、VSCC:启动。

补充说明:这些通称系统链码,是超级账本自带的系统程序。

LSCC:生命周期系统链码,用于管理用户链码。

QSCC:配置系统链码,负责管理系统配置。例如,区块大小。

CSCC:查询系统链码,负责查询账本与区块链信息。例如,使用区块 Hash 搜索。

ESCC:背书系统链码,负责管理背书策略。例如,多少人签字后的数据允许上链。

VSCC:验证系统链码,负责检查背书策略。例如,是否满足背书策略。

这些都是超级账本自带的系统链码,每个加入联盟的节点都需要部署这些链码。

单击【生成】,出现一条运行命令,单击命令后面的【运行命令】,系统提示成功后,画布中的节点被点亮,表明启动成功,如图 3-3 所示。

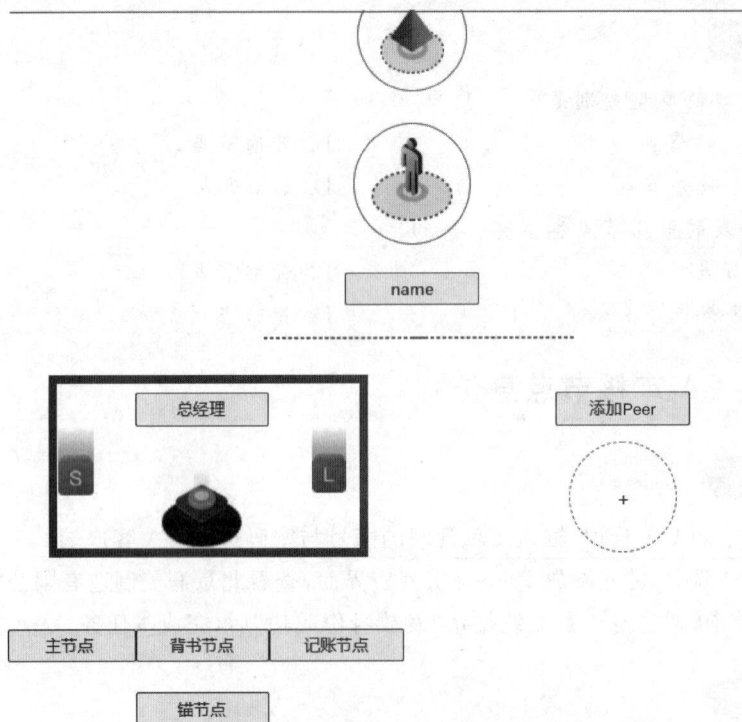

图 3-3　启动节点操作界面

由于当前节点也具有锚节点的权限,因此还需要启动锚节点。在启动锚节点的配置界面中单击【生成】,出现一条运行命令,单击命令后面的【运行命令】,系统提示成功后即可完成本任务。

此时,在节点中还有最后一项配置项——加入通道没有进行配置,这是因为我们还没有创建相关通道,所以在本任务中我们暂时不进行配置。

补充说明:截至本任务,我们已经完成企业上链、节点上链的整个过程。但是依据我们对采购业务的分析,现在联盟链中的企业与节点还远远不够,因此我们还需要继续完成对其他企业与节点上链的操作,这时我们可以直接使用系统提供的快速构建方法进行创建。

单击界面上方的【区块链环境构建】进入快速搭建界面。

在快速搭建界面,单击左侧的【组织设置】打开企业上链节点,单击右侧上方的【＋】号进行快速企业上链,如图 3-4 所示。

在弹出界面中,依次填写企业管理员名称,选择企业类型、企业名称与排序节点后,单击【创建组织】,即可完成企业上链的操作,如图 3-5 所示。这里的管理员名称依然建议使用"企业简称＋管理员"的形式命名。

根据前面我们对采购业务的分析,我们还需要创建组织,如表 3-2 所示。

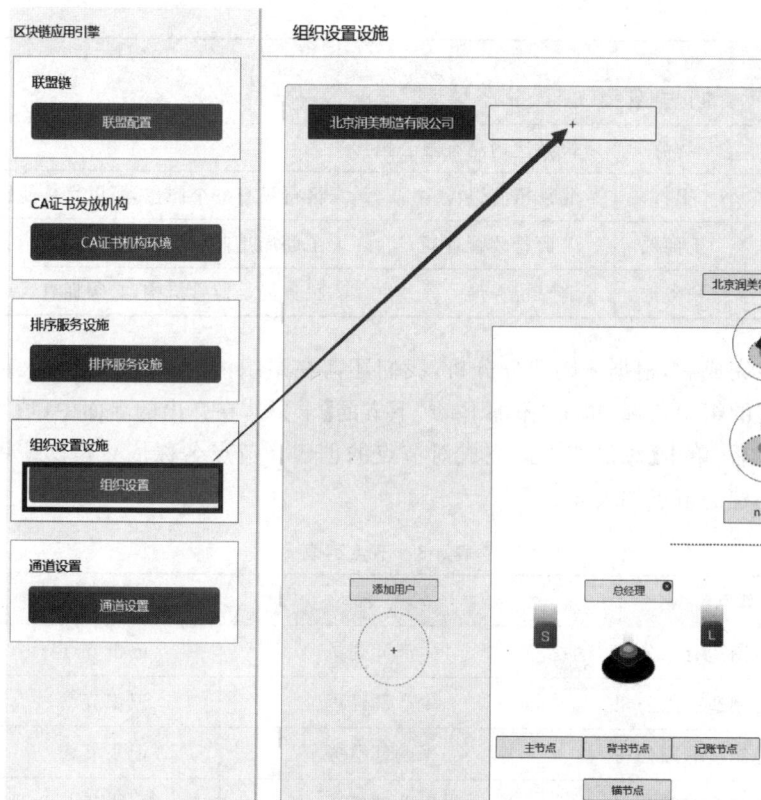

图 3-4　快速企业上链操作界面(1)

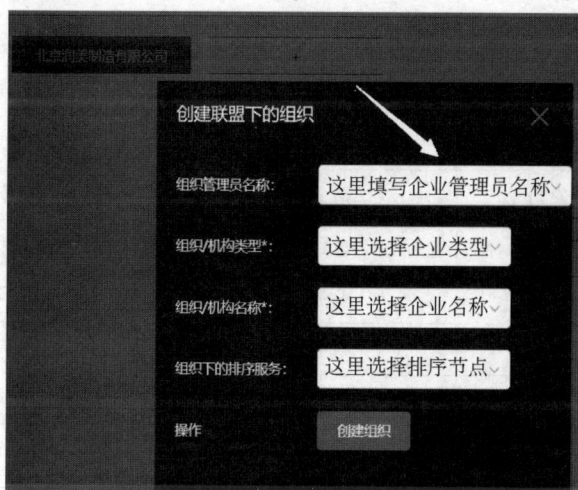

图 3-5　快速企业上链操作界面(2)

表 3-2　组织/机构列表

组织管理员名称	组织/机构类型	组织/机构名称	备　注
深亿管理员	供应商	深圳深亿制塑有限公司	供应商企业建议至少创建两个
九江管理员	供应商	九江塑电科技有限公司	

组织管理员名称	组织/机构类型	组织/机构名称	备　　注
物流管理员	物流	快必达物流有限公司	无
银行柜员	银行	北京招商银行	银行只有一个岗位,所以直接使银行柜员命名
工商专员	工商局	工商行政管理局	工商局是监管机构,必须拥有
税务专员	税务局	北京税务局	税务局是监管机构,必须拥有

　　组织创建完成后,根据采购业务分析,我们还需在组织内为每一个岗位人员创建节点,选中创建完成的组织名称,单击"添加 Peer"下方的【＋】号,在弹出的界面中,填写节点名称,选择节点类型后,单击【添加节点】,完成对节点的创建。节点名称依然建议使用岗位名称,每个组织需创建的节点如表 3-3 所示。

表 3-3　节点列表

组织名称	节点名称	节点类型
北京润美制造有限公司	生产计划员	记账节点
北京润美制造有限公司	生产部经理	记账节点
北京润美制造有限公司	采购部财务	记账节点
北京润美制造有限公司	采购部经理	记账节点
北京润美制造有限公司	采购员	记账节点
北京润美制造有限公司	仓管员	记账节点
北京润美制造有限公司	财务部经理	记账节点
北京润美制造有限公司	出纳	记账节点
北京润美制造有限公司	财务会计	记账节点
供应商	总经理	主、记账、锚、背书节点
供应商	业务部	记账节点
供应商	财务部	记账节点
快必达物流有限公司	总经理	主、记账、锚、背书节点
快必达物流有限公司	业务部	记账节点
北京招商银行	银行柜员	主、记账、锚、背书节点
工商行政管理局	工商专员	主、记账、锚、背书节点
北京税务局	税务专员	主、记账、锚、背书节点

　　当组织或者节点创建错误时,可以单击组件右上角的【×】号进行删除。但是,在任务中创建的组织在快速搭建界面中无法删除,快速搭建界面中创建的组件在任务中无法删除。

任务试题

1. 锚节点主要作用是(　　)。
    A. 组织不需要配置锚节点
    B. 锚节点负责验证排序服务节点区块里的交易
    C. 主要负责代表组织和其他组织进行信息交换
    D. 锚节点负责从排序服务节点获取最新的区块并在组织内部同步
2. CSCC 的主要功能是(　　)。
    A. 支持对背书策略进行管理
    B. 执行通道配置交易
    C. 管理 Peer 上通道相关的信息
    D. 负责对用户链码的生命周期进行管理

3.2　采购业务痛点分析

我们说任何的技术应用都是为业务发展服务的,是为了解决现实中已经存在的业务痛点。那么,本章的前面的任务围绕四个采购业务场景展开,通过阅读与分析这些场景,总结这些业务场景的痛点,并在分析这些痛点的基础上,依据联盟链的相关技术进行技术应用设计。

3.2.1　总结场景痛点

实训操作

学生依据任务中给出的业务场景,结合下方场景分析中的提问,进行痛点分析。
在问题下方的输入框中输入答案,单击提交即可完成本任务。
补充说明:单击提交后能够查看问题参考答案。
本节一共包含四个业务场景,场景描述与参考答案如下。

场景一

地点:北京润美制造有限公司。
人物:财务经理钱丹、仓储经理何明珠、采购经理张楠
5 月 28 日,财务经理钱丹在公司遇到仓储经理何明珠,想起公司上个月初采购的一批原材料,于是上前询问原材料的情况。钱丹:"何经理,上个月公司采购的原材料质量怎么样?"何明珠:"别提了,那批原材料的质量真不怎么样,有很多都不合格,准备给退回去。"钱丹:"啊! 太差劲了,公司这边都已经把货款给付了,采购部干的这事也太糟糕了。改天见到张经理得给他说说,让他采购的时候多注意一些。"5 月 29 日,财务经理钱丹在公司门口遇到采购经理张楠。钱丹:"张经理,昨天我和仓储部何经理聊天时,听说公司上个月采购的原材

料质量不是很好,要准备退货,你知道这事吗?"张楠:"哎呀,钱经理,我也正在为这事发愁呢! 这种事情太容易发生了,那些供应商给我看原材料样品的时候,质量都是好好的,提交的企业资质也都是正规文件,我根本没有办法分别出优质供应商。"钱丹:"原来是这样呀。这事咱得向公司反映,让公司想个解决的方法。要不然这事会给你带来麻烦,我这边做账也会很麻烦。"张楠:"好,叫上仓储部何经理,咱们一起去向公司反馈一下这件事情。"钱丹:"好的,我这就联系一下何经理。"

问题与参考答案如下。

(1) 本场景中三位经理讨论的是什么问题?

供应商选择难,并且对于供应商提供的信息无法辨识。

(2) 导致这个问题出现的原因是什么?

供应商的所有历史交易信息都不是全部公开的,公司收集的供应商信息多是片面的,无法得出供应商真正的信用等级。

场景二

地点:北京润美制造有限公司。

人物:财务经理钱丹、采购经理张楠、采购员陈七

"叮叮叮……叮叮叮……"采购部的电话响了起来,采购经理拿起电话,原来是财务部钱经理打来的电话。钱丹:"您好,是采购部张经理吗? 我是财务部钱丹。"张楠:"您好,我是张楠,您有什么事情?"钱丹:"张经理您好,我这边有个事情需要与您核实一下,就是这段时间您部门的采购员陈七向我提交了几份采购费用的报销申请,前几份我没太在意,后面他又提交了几份,我发现他的采购合同中供应商总是一个名为河北某某原材料供应公司,而不是之前一直和咱们合作的深圳深亿制塑有限公司,而且我感觉他采购的原材料价格比之前咱们采购的原材料价格好像都高了一些,我就想向您核实一下是不是咱们采购部近期做了采购策略的调整,这个采购员陈七这段时间的采购动作是不是经过您部门授权的?"张楠:"啊!有这事,您稍等,我马上找人核实一下这个事情。"采购部张经理放下电话后,立刻召集采购部门的人员进行调查。经过一段时间的调查后,采购部张经理得知,原来是采购员陈七利用职务之便,与河北某某原材料供应公司合伙虚报合同金额向公司申请报销,谋取个人利益。采购部张经理查清缘由后,立刻将情况反馈给公司,给予采购员陈七开除处分,并追究相关法律责任。

问题与参考答案如下。

(1) 本场景中出现的哪种事件能够给企业带来损失?

虚报合同金额。

(2) 导致这种事件出现的原因是什么?

合同的签订只有采购员与供应商进行操作,对于企业来说,原材料价格相对隐蔽,没有能够实时监控合同的签订,使得采购员虚报合同金额的事件发生。

场景三

地点:北京润美制造有限公司财务部。

人物:财务经理钱丹、采购经理张楠

"咚咚咚! 咚咚咚!"财务经理办公室外传来一阵急促的敲门声。财务经理钱丹放下手中的工作,抬头说道:"请进。"采购经理张楠推门进来。钱丹:"原来是张经理呀,有什么事让你这么着急呀?"张楠:"钱经理,我向您咨询一个事情,3 个月前咱们公司采购了一批原材料,这个事您有印象吗?"钱丹:"嗯,我知道呀,怎么了?"张楠:"哦,您知道就好办了,就是这批原材料货款支付的事,这几天那个供应商老给我打电话,问我什么时间能够支付他们的货款,我都要被他们烦死了,所以我来问问您,这个货款咱们公司什么时间能够支付过去呀。"钱丹:"付款申请提交了没?"张楠:"提交了,上个月我们的采购员石静就已经提交申请了,我也审批通过了,您帮忙查查,看看这个付款申请为什么还没有支付呀。"钱丹:"行,稍等。"钱丹打开计算机,查找到付款申请,看到付款申请的审核流程停留在公司总经理的位置。钱丹答复采购经理说:"张经理,现在这笔款项卡在了总经理的位置,他这段时间应该正在出差,所以审批的速度就慢些,总经理审批通过后,我这边才能审核付款,您还是再耐心等待总经理回来吧。"张楠:"好吧,也只能这样了,等审核流程到您这了,请您帮忙尽快处理一下。"

问题与参考答案如下。

(1)财务经理为什么不支付货款?

因为付款申请没有得到总经理的审核。

(2)这个场景反映了企业中存在什么问题?

付款审核环节烦琐。

场景四

地点:北京润美制造有限公司财务部办公区。

人物:财务经理钱丹、财务会计高敏

"嗒,嗒,嗒,叮!"时针刚指向六点,北京润美制造有限公司的财务会计高敏就迫不及待地关掉计算机,拿上早已收拾好的背包,心想今天终于能够按时下班了。正在高敏背起背包准备走时,她看见财务经理钱丹朝着自己走来,顿时产生了一种不祥的预感…… 钱丹:"高敏,先别下班,来我办公室一趟,给你说一些事情。"高敏只能乖乖地放下背包,跟着钱丹到了财务经理办公室。钱丹:"今天我在审核公司本月的财务状况时,发现资产负债表的借贷不平衡,这种错误严重影响咱们公司的会计信息质量。现在你赶快查一下具体是什么原因导致的。"高敏:"好的,钱经理,我这就去查。"走出财务经理办公室,高敏的心情立刻沉重了起来,但事情还是要做的。于是高敏回到自己的工位,打开计算机,在会计软件中将本月的所有记账凭证与原始凭证调取出来,开始比对金额。经过 3 个小时的努力工作后,高敏终于发现了错误原因,记账凭证中的一个金额填写错误,并汇报给了财务经理。高敏带着郁闷的心情走出公司,心想,为什么没在一开始制作记账凭证的时候发现这个错误呢?哎……

问题与参考答案如下。

(1)导致今天高敏心情郁闷的原因是什么?

加班查询导致资产负债表借贷不平衡的原因。

(2)你有什么办法解决这个问题吗?

填制记账凭证时,务必避免填写错误。

3.2.2 业务痛点总结

讲解内容

通过对上述场景的解读,我们来回顾一下采购业务中存在的业务痛点。

场景一:在供应商选择环节出现了供应商选择难的业务痛点,那么为什么会出现供应商选择难的现象呢?

企业的供应链管理系统将所有供应商数据统一归口管理,信息准确性高度依赖企业一线员工。那么对于员工来说,就存在由于人为因素造成的信息不准确的问题,同时也存在新供应商开发难的问题。

场景二:在合同签订环节出现了虚报购销合同的情况,这主要是因为合同的签订往往都是企业双方派代表进行签订,这就使得可能存在代表人从中作梗而其他人无法知晓的情况,从而造成合同虚报。

场景三:出现在付款环节,这是因为通常企业对资金的管控都比较严格,金额越大,审核流程越复杂,同时也就带来了业务效率的降低,从而出现付款慢的现象。

场景四:出现在采购入账环节,其实在这个环节出现的问题在其他的业务中同样也会出现。这主要是由于业务量太大,财务人员在记账时难免由于一两次的疏忽而导致记错账。当然了,也可能是人为因素的记假账。出现这种情况往往会给企业带来一定的损失,因此,解决这一问题是很有必要的。

下面我们将分析得出的业务痛点填入对应的业务步骤中,进行总结记录。

实训操作

依据上面的分析结论,找到痛点发生对应的业务步骤,将痛点填入画布中。

任务试题

采购中会产生的单据是(　　　)。

A. 采购申请单　　　　B. 付款单　　　　C. 发票　　　　D. 货品入库单

3.2.3 业务数据流转分析

通过对业务场景的阅读,我们总结出了业务步骤中的痛点。下面我们需要继续分析业务发生时的数据流,探究不同的业务步骤中将产生怎样的数据内容。我们可以从业务步骤中涉及的业务单据得出结论。对业务数据流转的了解,能够帮助我们更好地思考如何使用联盟链来满足业务数据流转的需求。

实训操作

本任务需要学生对每一业务步骤进行分析,说明每一业务步骤将使用(产生或作为凭据)怎样的业务数据。其中,业务数据可以通过业务单据进行数据呈现。分析完成后,将业务步骤与业务单据填写到本任务中的表格中,如图 3-6 所示。

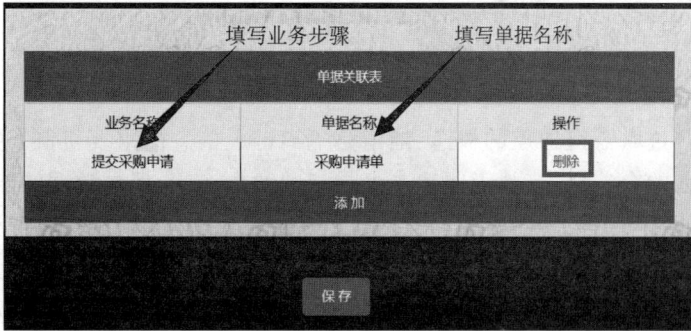

图 3-6 操作界面

填写完成后,单击【保存】按钮即可完成本任务。

补充说明:填写内容参考如表 3-4 所示。

表 3-4 填写内容参考

序号	业 务 名 称	单 据 名 称
1	提交采购申请单	采购申请单
2	审核采购申请	采购申请单
3	选择供应商	无
4	制定采购策略	采购申请单、采购策略单据
5	下达采购任务	采购策略单据
6	起草采购合同	采购合同
7	签订采购合同	采购合同
8	发货	采购合同、发货单
9	开具发票	采购合同、发票
10	物流运输货品	发货单、运输单
11	验收入库	运输单、入库单
12	提交付款申请	采购合同、发票、付款申请单
13	审核付款申请	采购合同、发票、付款申请单
14	审核付款申请	采购合同、发票、付款申请单
15	通知银行付款	付款通知单
16	转账	银行回单
17	接收银行回单	银行回单
18	记账	银行回单、发票、记账凭证

3.2.4 创建应用通道

讲解内容

前面我们讲解过联盟链通道的概念:通道是隔离链上信息的重要机制,通道上的数据只会发送给加入通道的合法成员,从而隔离未经授权的数据访问,保护数据的隐私性。

依据我们对业务数据流转的分析,可将相关的业务数据使用通道进行隔离。由于只有加入相同通道的节点才能实现数据共享,如果我们想要根据数据类型创建通道,那就需要对业务数据进行更加详尽的分析,来设计我们需要创建的通道数量,以及根据通道存储的数据不同而需要加入的节点。

由于本任务为学生第一次使用通道,我们使用直接创建一个"采购业务通道",将采购业务所有的业务数据都存在本通道内的方式进行通道构建。

补充说明:这里假设一个业务场景,有甲、乙、丙三家公司,其中甲与乙丙公司的业务部之间均有业务往来,但是乙丙公司之间却没有业务往来。这个时候我们就需要解决这样一个问题:如何在联盟链中实现甲乙、甲丙之间账本数据共享,而乙丙之间数据各自存储呢?通道就帮我们解决了这一问题。我们只需要将甲乙公司加入一个通道A,甲丙公司加入一个通道B,依据通道的特性,在通道A中的合法成员(甲乙)在A内实现数据共享,通道B中的合法成员(甲丙)在B内实现数据共享,而乙丙由于分别在不同的通道内,因此实现了数据隔离。

实训操作

单击任务界面下方的【组件库】,看到"应用通道"组件,使用鼠标左键选中组件,将组件拖拽到界面对应区域,单击【添加】按钮,即可看到界面中间出现本组件。

单击画布中的通道组件,依次单击基础信息配置、创世区块配置、通道交易配置,在右侧滑出框中进行组件配置。

基本信息配置建议配置内容如下。

通道ID:默认。

通道名称:采购业务通道,可以自定义名称,建议使用"业务名称+通道"。

通道描述:用于存储联盟链中与采购业务相关的数据。(可自定义)

联盟:会计联盟。

锚节点:后续节点加入通道后将自动带出,当前不需要配置。

单击【生成】,出现一条运行命令,单击命令后面的【运行命令】,系统提示成功后,继续下一个配置。

创世区块配置建议配置内容如下。

排序节点:制造企业排序服务。

访问策略:OR('OdererMSP. admin')。

写入策略:OR('OdererMSP. admin')。

管理策略:OR('OdererMSP. admin')。

背书策略：n＝2f＋1。

补充说明：创世区块就是一个区块链中的第一个区块，本区块中记录的一些规范要求将对整条区块链起到限制作用，因此对本区块中的数据都只允许管理员进行操作。同时，规定当前区块链数据存储上链要求的背书策略也在本区块中进行记录，在超级账本中背书策略有以下三种。

- ANY(peer,clinet,member,admin)：只要有这四类的其中之一给节点背书，该数据允许上链存储。
- n＞3f：有三分之二以上的节点背书，则该数据允许上链存储。
- n＝2f＋1：有二分之一的节点背书，则该数据允许上链存储。

单击【生成】，出现一条运行命令，单击命令后面的【运行命令】，系统提示成功后，继续下一个配置。在通道交易配置中均为系统默认的存储路径，不需要修改，直接单击【生成】并【运行命令】，即可完成本任务。

📋 任务试题

1. 下列对通道的描述正确的是(　　)。
   - A. 通道通常指排序节点管理的彼此隔离的原子广播渠道
   - B. 通道通常指记账节点管理的彼此隔离的原子广播渠道
   - C. 通道是提供共享 Peer 节点信息的重要机制
   - D. Peer 节点加入系统通道时会主动创建关联通道的链结构对象
2. 下列对通道配置区块的描述正确的是(　　)。
   - A. 该区块中只存储配置信息
   - B. 该区块中存储配置信息与交易信息
   - C. 通道账本的首个区块一般不能是配置区块
   - D. 配置区块也叫初始区块
3. 通道策略配置中的三种角色不包括(　　)。
   - A. Readers　　　　B. Writers　　　　C. Admins　　　　D. Orderers

3.2.5　创建系统链码

在超级账本中，使用链码的概念替代了智能合约，且超级账本将链码分为系统链码与用户链码两种。其中，系统链码是超级账本自带的链码，用户链码就是链上成员自己编制的链码。

补充说明：超级账本自带五类链码。

LSCC：生命周期系统链码，负责管理用户链码。

QSCC：配置系统链码，负责管理系统配置。例如，区块大小。

CSCC：查询系统链码，负责查询账本与区块链信息。例如，使用区块 Hash 搜索。

ESCC：背书系统链码，负责管理背书策略。例如，多少人签字后的数据允许上链。

VSCC：验证系统链码，负责检查背书策略。例如，是否满足背书策略。

实训操作

本任务中,依次将五种系统链码进行创建即可。

CSCC 链码基本信息建议配置内容如下。

链码 ID:默认。

链码名称:配置系统链码。

链码描述:负责查询账本与区块链信息。

选择通道:采购业务通道。

是否启动 CSCC:Yes。

是否允许跨通道调用:true。

LSCC 链码基本信息建议配置内容如下。

链码 ID:默认。

链码名称:生命周期系统链码。

链码描述:用于管理用户链码。

选择通道:采购业务通道。

是否启动 LSCC:启用。

是否允许跨通道调用:true。

QSCC 链码基本信息建议配置内容如下。

链码名称:配置系统链码。

链码描述:负责管理系统配置。

选择通道:采购业务通道。

是否启动 QSCC:Yes。

是否允许跨通道调用:true。

ESCC 链码基本信息建议配置内容如下。

链码名称:背书系统链码。

链码描述:管理背书策略。

选择通道:采购业务通道。

是否启动 ESCC:Yes。

VSCC 链码基本信息建议配置内容如下。

链码名称:验证系统链码。

链码描述:检查背书策略。

选择通道:采购业务通道。

是否启动 VSCC:Yes。

填写完成后,单击【执行配置】,系统提示成功后,链码组件处于点亮状态即为完成任务。

任务试题

1. 在 Fabric 中链码可分为(　　　)。

  A. 用户链码与系统链码   B. 合约链码与用户链码

C. 系统链码与数据链码　　　　　D. 数据链码与用户链码

2. 在 Fabric 中有(　　)系统链码。

A. 六种　　　　　B. 五种　　　　　C. 四种　　　　　D. 三种

3. 生命周期系统链码的英文缩写是(　　)。

A. ESCC　　　　　B. QSCC　　　　　C. LSCC　　　　　D. VSCC

3.2.6　创建区块链与世界状态

🌐 **讲解内容**

前面我们讲解过,超级账本中不仅使用"区块链"的概念,还使用了"账本"的概念,如图 3-7 所示。

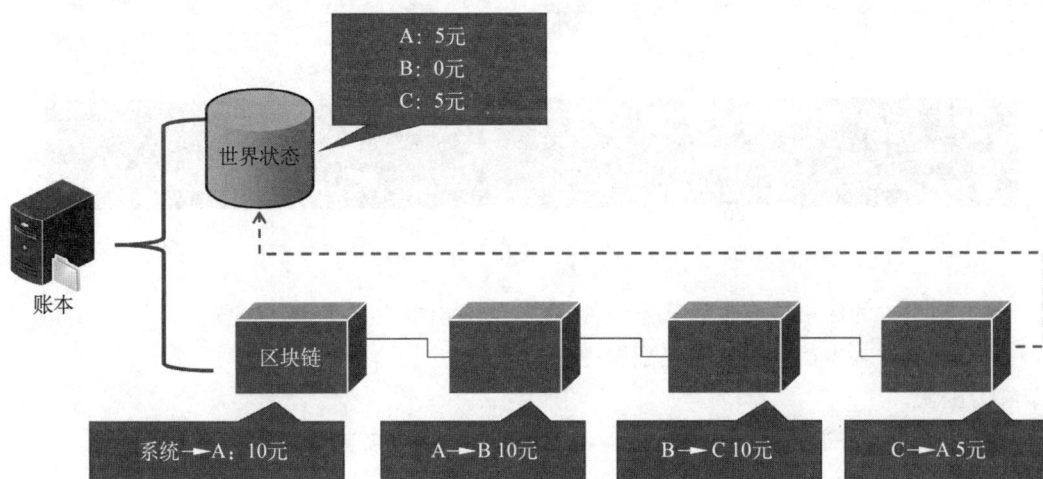

图 3-7　超级账本

在超级账本中,"账本"包括区块链与世界状态两个部分,其中区块链用于存储数据详情,世界状态用于存储最新的数据状态。

同时,账本也是需要依存于通道的,即每个通道中拥有一套账本,每个加入通道中的节点存储同一套账本,依次实现通道内的数据共享。

补充说明:图中的业务场景就是系统给 A 转账 10 元,A 给 B 转账 10 元,B 给 C 转账 10 元,C 给 A 转账 10 元,基于这样的一个场景,区块链中记录的就是转账明细,而世界状态中存储就是人员 A、B、C 当前剩余的金额。此外,世界状态还具有保护数据隐私的功能,分为公开存储和隐私存储,其中隐私存储又可分为指定人员可查看与公钥加密使用私钥解密后可查看。

📅 **实训操作**

单击任务界面下方的【组件库】,看到"区块链"与"世界状态"两个组件,使用鼠标左键选中组件,将组件拖曳到界面对应区域,单击【添加】按钮,即可看到界面中间出现本组件,如图 3-8 所示。

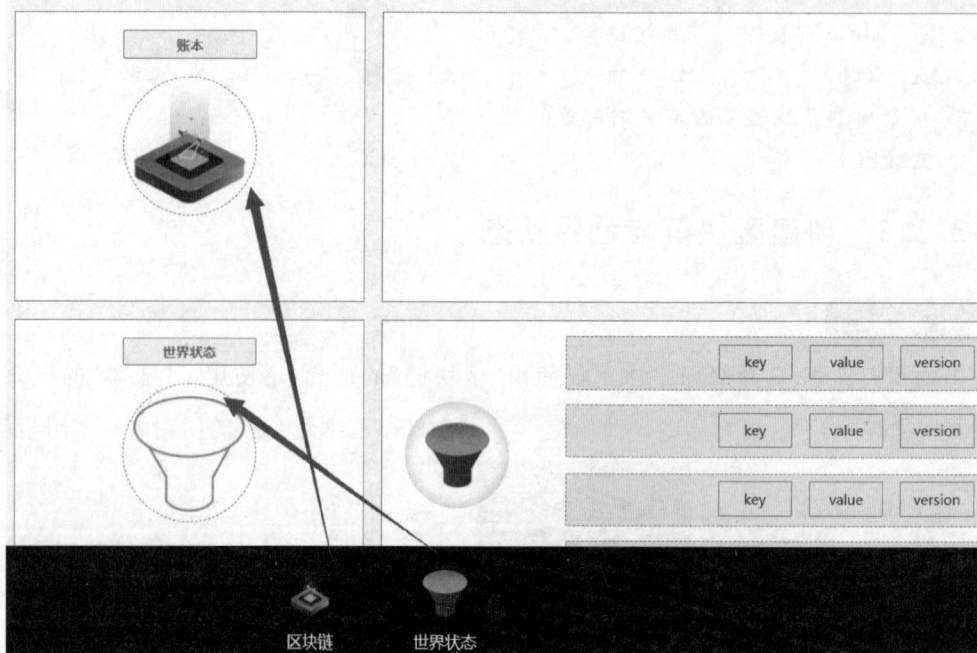

图 3-8　操作界面

单击画布中的区块链与世界状态组件,在右侧滑出框中进行组件配置。

区块链组件基本信息配置建议配置内容如下。

ID:默认。

名称:采购业务通道区块链,可自定义,建议使用"通道名称+区块链"。

通道选择:采购业务通道,这里根据自己创建的通道进行选择。

单击【生成】,出现一条运行命令,单击命令后面的【运行命令】,系统提示成功后,继续进行世界状态的配置。

世界状态数据库配置建议配置内容如下。

世界状态 ID:默认。

名称:采购业务通道世界状态,可自定义,建议使用"通道名称+世界状态"。

选择通道:采购业务通道,这里根据自己创建的通道进行选择。

只有指定节点访问:true。

单击【生成】,出现一条运行命令,单击命令后面的【运行命令】,系统提示成功后,即完成本任务。

📖 任务试题

在 Fabric 中,将交易信息打包成区块的是(　　　)。

A. Orderer　　　　　　B. Peer　　　　　　C. Channel　　　　　　D. Leader

3.3 构建链上采购环境

在第 1 章中,我们将组织与节点加入联盟链中,组织相当于我们现实中的企业,而节点就相当于企业中的办公设备。这个时候我们还缺少使用设备的人员,即链上的用户,也就是我们企业中的岗位。

在第 2 章中,我们在联盟链中创建了用于数据流转与存储的通道系统,但是依据超级账本的运行架构,我们发现还缺少相关的数据传播协议,且通道缺少相关节点的加入。

通过本节,我们将进行数据传播协议、节点加入通道、创建节点的使用者——用户的实训操作。

3.3.1 创建组织数据传播协议

🌐 讲解内容

Gossip 协议属于网络层,它利用一种随机的方式将信息散播在整个网络的节点中。Gossip 协议的工作流程类似于绯闻或流行病的传播方式,即利用 Gossip 协议在组织节点中进行数据传播时,采用了一种类似“一传三,三传九”的传播方式,通过这种方式可以大幅提高传播效率。

📅 实训操作

单击任务界面下方的【组件库】,看到 Gossip 组件,使用鼠标左键选中组件,将组件拖曳到界面对应区域,单击【添加】按钮,即可看到界面中间出现本组件。单击画布中的 Gossip 组件,在右侧滑出框中进行组件的基本信息配置。

建议配置内容如下。

Gossip ID:默认。

所属组织:默认。

应用节点:选择当前组织下的所有节点。

散播周期:100,可以修改。

散播节点数:3,可以修改。

补充说明:散播周期 100 秒表示,当一个节点向另外一个节点传播消息时,如果超过 100 秒对方还没有接收,则不再发送。散播节点数 3 表示,节点传播消息时,只向距离自己最近的 3 个节点进行传输,后续接收到消息的节点同样向距离自己最近的 3 个节点进行传输,直至当前通道内所有节点数据同步后结束传播。

链上的每一个组织都需要 Gossip 协议,由于需要的组织太多,我们可以通过快速构建方法进行 Gossip 协议的创建。单击界面上方的【区块链环境构建】进入快速搭建界面。

在快速搭建界面,单击左侧的【组织设置】打开组织界面,在上方选中一个组织,单击组织右侧添加 Gossip 下方的【＋】,在弹出的窗口中输入 Gossip 名称并选中所有节点,并单击【添加 Gossip】即可。名称建议为企业简称＋Gossip,如图 3-9 所示。

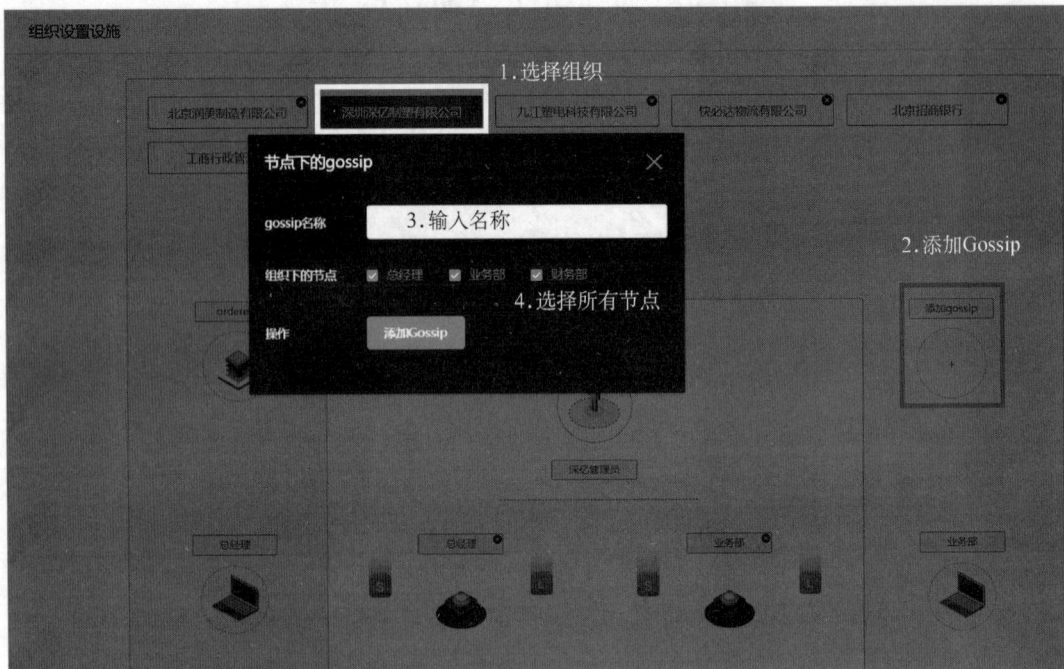

图 3-9　添加 Gossip 操作界面

📋 任务试题

1. Gossip 属于(　　　)。

　A. 网络层　　　　　B. 数据层　　　　　C. 应用层　　　　　D. 合约层

2. Gossip 与组织的关联关系描述正确的是(　　　)。

　A. 每个 Gossip 关联一个组织　　　　　B. 每个 Gossip 关联多个组织

　C. Gossip 与组织没有关联关系　　　　　D. 多个 Gossip 关联一个组织

3.3.2　组织节点加入通道

📋 实训内容

　　单击画布中的节点组织,可以进行节点加入通道配置,在配置项中选择需要加入的通道即可。根据前面业务分析的结果,我们需要将与采购业务相关的所有节点接入到采购业务通道中。

　　补充说明:由于需要加入通道的节点较多,我们可以通过快速构建方法进行节点加入通道的操作。

　　单击界面上方的【区块链环境构建】进入快速搭建界面。

　　在快速搭建界面,单击左侧的【通道设置】打开通道关联节点界面,在上方选中一个通道,单击界面中【关联组织节点】在弹出窗口中,查看所有还未加入本通道中的节点名称并勾选后,单击【添加 Peer】即完成本任务。

任务试题

1. 节点加入通道的关键词是(　　)。
   A. Join　　　　　　B. -b　　　　　　C. In　　　　　　D. Home
2. 节点加入应用通道时,通过请求(　　)执行 CSCC 系统链码。
   A. 背书节点　　　B. 记账节点　　　C. 锚节点　　　D. 主节点

3.3.3　节点关联用户岗位

节点是办公设备,每一台办公设备,我们都需要有一个用户岗位进行使用,才能最终实现用户使用联盟链进行业务操作的需求。

将组件库中的用户组件,拖入节点对应的位置。

添加完成后,单击画布中的用户组件,在配置界面中进行配置,建议配置内容如下。

用户名称:建议与节点名称相同。

所属企业:默认值,无须修改。

对应节点:默认值,无须修改。

所属部门:当前岗位所属的部门。

所属岗位:依据节点名称选择相应的岗位。

单击【生成】,出现一条运行命令,单击命令后面的【运行命令】即可完成节点与用户岗位的关联。

补充说明:所有企业的所有节点都需要关联用户。同样,我们可以使用快速构建方法进行节点关联用户岗位的操作。

单击界面上方的【区块链环境构建】进入快速搭建界面。

在快速搭建界面,单击左侧的【组织设置】打开组织界面,在上方选中一个组织,单击组织下方节点旁边的【＋】号,选择对应的部门与岗位后进行用户岗位的关联。

节点与部门岗位的对应关系参考表 3-5。

表 3-5　节点与部门岗位对应关系

组 织 名 称	节点名称	部　　门	岗　　位
北京润美制造有限公司	总经理	企业管理部	总经理
北京润美制造有限公司	生产计划员	生产部	生产计划员
北京润美制造有限公司	生产部经理	生产部	生产部经理
北京润美制造有限公司	采购部财务	财务部	采购部财务
北京润美制造有限公司	采购部经理	采购部	采购部经理
北京润美制造有限公司	采购员	采购部	采购员
北京润美制造有限公司	仓管员	仓储部	仓管员
北京润美制造有限公司	财务部经理	财务部	财务部经理
北京润美制造有限公司	出纳	财务部	出纳

组 织 名 称	节 点 名 称	部　　门	岗　　位
北京润美制造有限公司	财务会计	财务部	财务会计
供应商	总经理	企业管理部	总经理
供应商	业务部	业务部	业务部
供应商	财务部	财务部	财务部
快必达物流有限公司	总经理	企业管理部	总经理
快必达物流有限公司	业务部	业务部	业务部
北京招商银行	银行柜员	营业大厅	银行柜员
工商行政管理局	工商专员	服务大厅	工商专员
北京税务局	税务专员	服务大厅	税务专员

当所有节点关联用户完成后,进入通道设置界面,选中某一通道,看到下方加入通道的用户节点,则表示节点已关联用户且加入通道完成。

任务试题

在本实验中,人员与节点的对应关系是(　　　　)。

A. 一个人员对应一个节点　　　　B. 一个节点对应多个人员

C. 一个人员对应多个节点　　　　D. 人员与节点没有对应关系

3.3.4　创建数据传播与接收接口

讲解内容

Gossip 是节点之间传播信息的协议,本任务中创建的接口则是用于用户、排序节点与通道之间的传播接口。

Broadcast 交易广播接口,是排序节点用于接收用户提交的交易消息请求,并对交易进行排序与执行通道管理,按照交易出块规则切割打包的接口。

Deliver 区块分发服务接口,是排序节点用于将区块数据发送给通道组织内的主节点的接口,主节点和其他节点基于 Gossip 消息协议将区块传输到组织内的其他节点上。

实训操作

单击任务界面下方的【组件库】,看到 Broadcast 与 Deliver 组件,单击组件,将组件拖曳到界面对应区域,单击【添加】按钮,看到界面中间出现本组件。单击画布中的 Broadcast 与 Deliver 组件,在右侧滑出框中进行组件的基本信息配置。

Broadcast 基本配置建议配置内容如下。

Broadcast ID:默认值。

用户客户端:全部勾选。

共识机制:选择前面创建的共识机制。

Deliver 基本配置建议配置内容如下。

Deliver ID：默认值。

选择主节点：全部勾选。

选择应用通道：勾选所有通道。

截至本任务，基于联盟链的采购业务环境就全部构建完成了，下面我们就进入业务体验环节，来体验一下联盟链上的采购业务流程，体验联盟链是如何解决相关痛点的。

任务试题

1. 通过 Deliver 区块分发服务接口发送的区块数据将发送给(　　)。

    A. 记账节点   B. 锚节点

    C. 主节点   D. 背书节点

2. 下面对 Broadcast 交易广播接口的作用描述正确的是(　　)。

    A. 接收客户端提交的签名交易信息请求

    B. 分发区块数据给主节点

    C. 构建新区块

    D. 广播交易信息

3.4　链上采购业务处理

本节开始进行链上业务体验，在体验的过程中需要同步完成业务实训报告，报告模板见附件。

3.4.1　链上企业信息维护

讲解内容

本任务包含两个实训任务：制造企业信息上链、供应商信息上链。

通过前面章节内容的学习与实操，采购业务相关企业已经加入联盟链采购业务通道中，为了后续业务体验的顺利开展，制造企业与供应商企业需要将本企业的一些信息在联盟链采购业务通道中进行公开，本任务将由学生自己判断，企业的哪些信息需要在通道中公开。

实训操作

1. 制造企业信息上链

单击任务名称，选择业务通道，选择能够完成本任务的角色，单击【确认】按钮。

角色选择完成后，看到本企业的相关数据，依据自己的判断，选择需要公开的数据内容，并执行上链操作。

单击【上链】按钮，打开数据上链界面，填写交易名称，在数据权限设置中选择所有人可以查看，单击【上链】按钮，完成数据上链操作。

补充说明:系统中提供的数据内容,不一定都需要公开,这里需要自行判断,哪些数据能够公开,哪些不需要公开。本任务没有标准答案,选择上链的数据能够自圆其说即可。

📋 任务试题

1. 信息上链的目的是(　　　)。

    A. 其他企业也可以查看需要的信息

    B. 防止信息篡改

    C. 上链信息的准确性

2. 数据上链的意义是(　　　)。

    A. 提升数据安全和隐私保护

    B. 降低社会信任成本

    C. 提高数据传输速度

    D. 数据使用的请求,都必须通过授权才能实现

2. 供应商信息上链

前面如果创建了多个供应商企业,当前任务将看到多个供应商企业的角色选择,本任务需要逐一将供应商企业信息上链。

本文档中创建了两个供应商企业,选择某一企业的总经理,进入数据上链界面。

针对供应商信息,需要上链的信息必须包括:营业执照、企业信用评级、商品信息与销售策略依据,其中营业执照需要工商局背书,企业信用评级需要银行背书后才可上链,如图 3-10 所示。

图 3-10　供应商信息上链操作界面(1)

单击左侧【联盟链工具】按钮,单击【上链认证】打开认证界面,如图 3-11 所示。

选择北京招商银行,选择供应商企业、业务通道与需要背书的数据(信用评级),单击【申请上链证书】按钮,获取背书签名,获取成功后,在需要背书的信用评级中即可出现背书签名。

单击工商行政管理局,选择供应商企业、业务通道与需要背书的数据(营业执照),单击【申请上链证书】按钮,获取背书签名,获取成功后,在需要背书的营业执照中即可出现背书签名。

获取背书签名后,即可对信用评级与营业执照进行上链操作。

单击【上链】按钮,打开数据上链界面,填写交易名称,在数据权限设置中选择所有人可

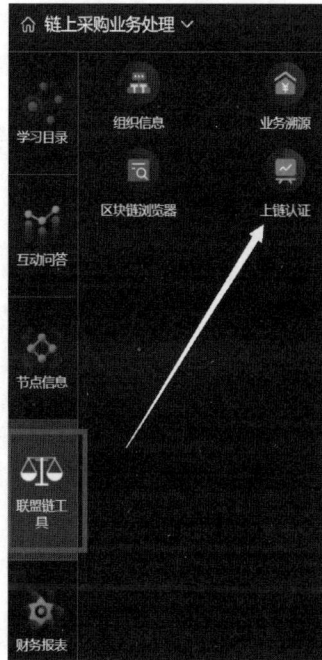

图 3-11　供应商信息上链操作界面(2)

以查看,单击【上链】按钮,完成数据上链操作。

销售策略依据不需要背书,可直接进行上链操作。

补充说明:所有的供应商企业都需要上链,通过单击角色头像,可以进行角色的切换,所有上链的数据,在数据上方都会出现区块 Hash,如图 3-12 所示。

图 3-12　供应商信息上链操作界面(3)

任务试题

1. 信息上链的隐私范围有（　　）。

   A. 所有人可见　　　B. 指定人可见　　　C. 公钥加密

2. 上链的数据会打包并生成区块的有（　　）。

   A. 排序节点　　　B. 背书节点　　　C. 记账节点　　　D. 客户端

3.4.2　发起采购申请

讲解内容

从本任务开始，我们正式进入采购业务的业务实操，其中将使用很多业务单据，在超级账本联盟链中，我们可以使用世界状态技术对业务单据中的部分数据进行加密。

实训操作

1. 设置世界状态

本任务需要选择制造企业—生产计划员角色进行操作。

进入任务后，查看采购申请单，依据个人分析，筛选出你认为需要设置为世界状态的字段，将鼠标滑入需要设置为世界状态的字段名称上（如货物）。单击字段后面出现的【设置为世界状态】按钮，即可将字段设置为世界状态（见图 3-13），所有设置世界状态的字段将出现在单据下方，单击记录字段后方的【×】可删除设置完成的世界状态，如图 3-14 所示。设置完成后，单击【完成】按钮，进入下一个任务。

图 3-13　发起采购申请操作界面(1)

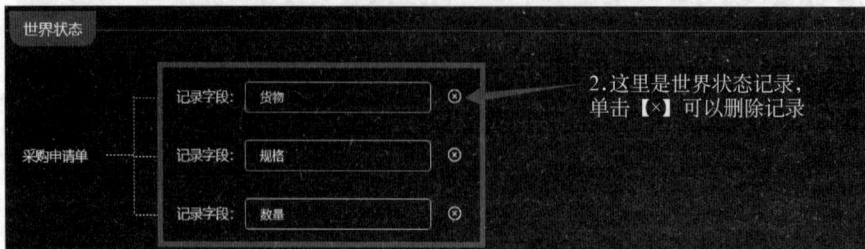

图 3-14　发起采购申请操作界面(2)

补充说明:世界状态具有保护数据隐私的功能,分为公开存储和隐私存储,其中隐私存储又可分为指定人员可查看与公钥加密使用私钥解密后可查看,这里需要学生自己进行数据权限分析,将自己认为需要加密的字段设置为世界状态,本任务没有标准答案。建议字段为:货物、规格与数量。

2. 提交采购申请

本任务需要选择制造企业——生产计划员角色进行操作。

本任务需要认真阅读学习指导中的内容,根据学习指导的内容填写采购申请单:公司计划本月生产小熊迷你加湿器 20 000 台,生产计划员发现仓库原材料库存仅够生产 5 000 台,为确保原材料能够满足公司生产,现生产计划员向公司采购部发起采购申请。

通过对学习指导内容的阅读,本任务我们需要申请购买如下原材料:

(1)迷你加湿器水箱 15 000 个;

(2)加湿器出雾口 15 000 个;

(3)加湿器下底座 15 000 个;

(4)加湿器雾化器 15 000 个;

(5)加湿器调节旋钮 15 000 个;

(6)HA-0003 辅材套件 15 000 套。

依据需要购买原材料的内容,在界面单击【新增】按钮,填写采购申请单,其中申请部门填写生产部,申请人填写生产计划员,申请日期选择当前日期即可。

采购申请单填写完成后,单击【保存】按钮,在单据上方出现业务编码后,单击【提交】按钮,提示提交成功后,本任务完成。

任务试题

1. 采购申请需要签字的人包括(　　)。
   A. 申请人　　　　　　　B. 审核人　　　　　　　C. 记账人
2. 填写采购申请的依据是(　　)。
   A. 库存剩余数量　　　　B. 商品价格　　　　　　C. 主观意愿

3. 审核采购申请

本任务需要选择制造企业——生产部经理角色进行操作。

进入任务界面,查看生产计划员提交的采购申请,查看无误后,单击下方【通过】按钮。

在联盟链中将使用数字签名的形式进行确认,数字签名由审核人的私钥生成,单击【节点信息】,展开生产部内容,单击生产部经理后方的图标,打开节点详情界面,查看节点信息。

复制私钥后,关闭节点信息界面,单击采购申请单下方的【通过】按钮,在签字确认中输入私钥,单击【签字】按钮。

签字成功后,出现单据上链界面,在单据审核人处出现数字签名,则证明签字成功。输入交易名称,选择交易接收方,在数据权限设置中设置数据权限,单击【上链】即可完成任务。

补充说明:这里的数据权限设置,在对平台实操熟练的基础上,我们建议选择使用指定人员查看,这样能够使学生对业务发生中的数据流转的过程具有更深入的理解。如果学生对能够查看本数据的人员分析不够全面,在后续任务中就可能存在,本该查看本数据的人员,由于世界状态的原因而无法查看本数据,导致业务无法继续,从而重新开始业务。

任务试题

1. 采购申请审核发现货物名称不一致,经理应该(　　)。
   A. 采购申请打回给生产计划员,并询问原因
   B. 签字后流转给生产计划员
   C. 不做处理
2. 部门经理审核采购申请的合理依据是(　　)。
   A. 库存的剩余数量　　　　　　　　B. 商品价格
   C. 质量条款　　　　　　　　　　　D. 违约责任

3.4.3　制定采购策略

讲解内容

采购部门接收到采购申请后,需要在联盟链中查询供应商企业,确认供应商企业出售的原材料种类是否能够满足企业采购申请中的原材料种类。另外,在联盟链中查看供应商的链上信息,包括企业的工商信息、信用评级等信息,在链上确认供应商信息的真实性,然后制定最优的采购策略,实现采购成本最低的要求。

实训操作

1. 查询公示信息

本任务需要选择制造企业——采购部财务角色进行操作。

单击【验签】,输入生产部经理公钥(在节点信息中查看),对接收的采购申请单进行验签,确认采购申请由生产部经理审核通过。

公钥验证成功后,单击【接收】按钮,查看采购申请单,同时查看审核人的数字签名变为文字签名。

根据采购申请的内容,查看下方供应商相关信息,计划向哪个供应商发起采购为最优策略。

单击【企业信息链上地址】,出现企业上链的信息内容,单击信息下方的区块地址即可查看区块内容。

根据我们在链上查看到的企业信息,单击企业名称后面的下三角标识,完成数据填写,填写完成后,单击【确认】,完成本任务。

2. 制定采购策略

本任务需要选择制造企业——采购部财务角色进行操作。

单击【查看(已验证)】按钮,查看采购申请单。

单击【制定采购策略】按钮,依据申请内容填写采购策略,如图 3-15 所示。

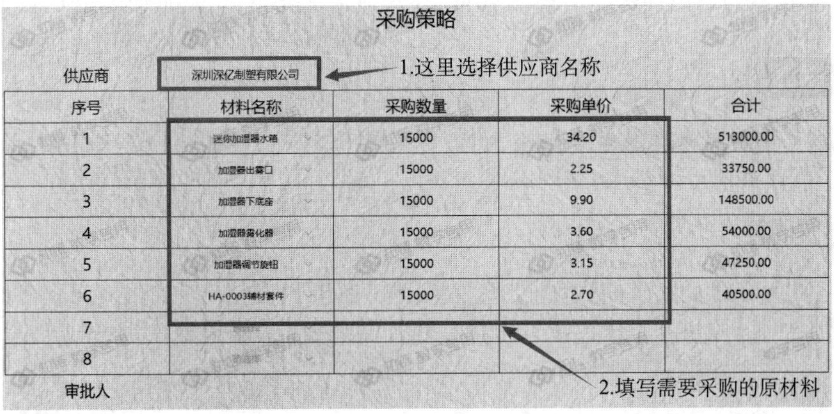

序号	材料名称	采购数量	采购单价	合计
1	迷你加湿器水箱	15000	34.20	513000.00
2	加湿器出雾口	15000	2.25	33750.00
3	加湿器下底座	15000	9.90	148500.00
4	加湿器雾化器	15000	3.60	54000.00
5	加湿器调节旋钮	15000	3.15	47250.00
6	HA-0003辅材套件	15000	2.70	40500.00
7				
8				

图 3-15　制定采购策略操作界面

补充说明:在界面下方,单击企业名称后面的下三角标识,可以查看各个企业的销售价格,一份采购申请我们可以制定多种采购策略。在这里我们除了需要考虑供应商销售折扣以外,还需要考虑本企业向不同供应商采购的历史采购数据中的物料利用率(在“制造企业信息上链”任务中查看)、企业在途时间等因素,制定最优的采购策略,使得我们最终的整体采购成本达到最低。

采购策略填写完成后,单击【提交】按钮,制定完成的采购策略将在界面最下方显示,本任务完成。

任务试题

采购策略通过(　　)数据进行制定。

A. 采购的数量　　B. 供应商提供的单价

C. 在途周期　　D. 库存剩余数量

3. 下达采购任务

本任务需要选择制造企业——采购部经理角色进行操作。

查看需要审核的采购策略,复制下方链上凭证交易 Hash 中的采购申请单 Hash 值。

在区块链账本中查看采购申请单,确认采购策略与采购申请单中内容一致后进行审核。

输入 Hash 值后,单击搜索,数据所在的区块将被点亮,单击区块,打开区块详情,查看区块中存储的数据。

检查无误后,单击【选定】按钮,使用采购部经理私钥生成数字签名,单击【签字】按钮。

在弹出的数据上链界面中,输入交易名称,选择交易接收方,在数据权限设置中设置数据权限,单击【上链】按钮,即可完成任务。

补充说明:我们可以通过业务编码来判定采购策略与采购申请的关系,如果多个采购策略的业务编码都是一样的,那么,它们对应的采购申请就是一张。

📋 **任务试题**

采购经理审核的依据是（　　）。

A. 采购的数量　　　　　　　　　B. 供应商提供的单价

C. 在途周期　　　　　　　　　　D. 库存剩余数量

3.4.4　签订采购合同

🌐 **讲解内容**

对应一些重要的文件，在联盟链中我们需要使用更加安全且有效的密码学机制进行传输，以采购合同为例，发送方给接收方发送采购合同的流程图如图 3-16 所示。

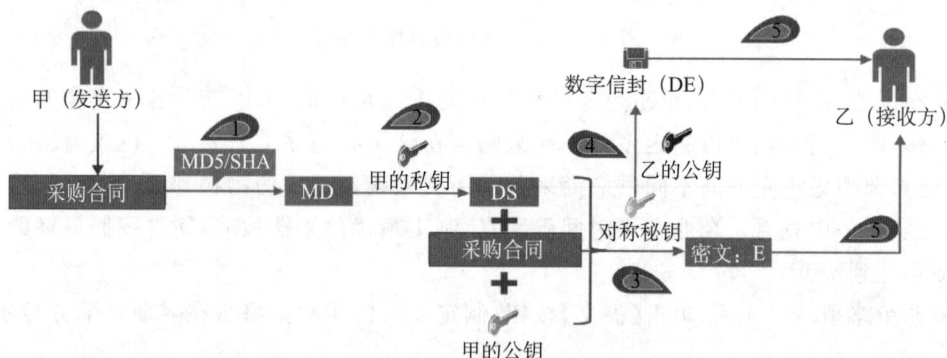

图 3-16　采购合同流程图

其中 MD5/SHA 是一种 Hash 算法，MD 为数字摘要，DS 为数字签名。

甲向乙传输的过程如下。

（1）甲将"采购合同"这句话使用加密算法进行加密，这里的加密算法就可以是 MD5 或者 SHA，得到一段密文，这段密文就可以称为数字摘要（MD）。

（2）然后甲继续使用自己的私钥，对数字摘要（MD）进行加密，这时候就能够得到数字签名（DS）。

（3）甲使用对称密钥对数字签名（DS）、原文信息与甲自己的公钥进行加密，得到加密密文（E）。

（4）甲使用乙的公钥将对称密钥进行加密，这里就形成了数字信封（DE）。这个过程就像是将这个对称密钥装进一个用乙的公钥加密的信封里一样，通过这种手段保证对称密钥的安全性。

（5）甲将加密信息（E）与数字信封（DE）一同发送给乙。

乙接收到加密信息后，进行解密查看，过程如下。

（1）乙首先通过使用自己的私钥对数字信封（DE）进行解密，将里面的对称密钥"拿"出来。

（2）乙使用拿出来的对称密钥对接收到的密文（E）进行解密，还原出来原文信息、数字签名（DS）以及甲使用的公钥。

（3）乙使用还原出来的甲的公钥对数字签名（DS）进行解密，还原出来甲发送的数字摘要（MD）。

（4）乙使用 MD5/SHA（这里使用的加密算法与甲生成数字摘要（MD）使用的加密算法一致）将自己得到的原文信息进行加密，同样得到一段数字摘要（MD1）。

（5）乙将两个数字摘要 MD 与 MD1 进行对比，若一致，则认为收到的就是未被篡改的原文，否则认为被篡改。

📅 实训操作

1. 设置世界状态

本任务需要选择制造企业——采购员角色进行操作。

详细操作步骤参考前面的实训操作"设置世界状态"。

本任务建议字段为：需方（甲方）单位名称、供方（乙方）单位名称、货物、规格、数量、单价、金额。

2. 起草采购合同

本任务需要选择制造企业——采购员角色进行操作。

单击【验签】，输入采购部经理公钥，单击【确定】。

单击【接收】，查看采购策略。

单击【起草采购合同】，在采购合同中，依据采购策略，选择供需方单位名称，在下方需签字处填写"润美"进行签字，单击【保存】按钮。

保存成功后，采购合同将在界面下方显示，本任务完成。

📋 任务试题

1. 集中采购的优点是（　　）。

A. 有利于增强双方的信任与理解，建立稳定的供需关系

B. 可以使采购数量增加，提高与卖方的谈判力度，比较容易获得价格折扣

C. 有十分明确的法律保证，可以通过法律来维护各自的利益

D. 采购产品的数量价格可以随现实情况相应调整

2. 甲、乙双方签订了一份采购合同，标的为 305 万元，甲向乙付了 10 万元作为定金。同时，合同还规定，违约金为合同标的的 20%，结果在合同履行时乙方违约。请问，乙方应付给甲方（　　）违约金。

A. 10 万元　　　　B. 不给　　　　C. 61 万元　　　　D. 71 万元

3. 采购合同的必备条款包括（　　）。

A. 商品名称　　　B. 商品价格　　　C. 质量条款　　　D. 违约责任

3. 制定数字摘要

本任务需要选择制造企业—采购员角色进行操作。

单击【加密传输】，选择一种 Hash 算法，单击【运算】按钮，输入润美采购员的私钥，单击【签名】，单击【我的公钥】在输入框中输入润美采购员的公钥，单击【确定】按钮，设置一个对称密钥（就是设置一个密码），单击 DES 按钮，输入供应商业务部的公钥（这里的供应商企业需要是采购合同中供方企业的业务部），单击【加密信封】，然后单击【发送】完成采购合同的加密传输。

在弹出的数据上链界面中，输入交易名称，选择交易接收方，在数据权限设置中设置数据权限，单击【上链】即可完成任务。

任务试题

1. 下列技术中能够制作数字摘要的是（　　）。
   A. 公钥　　　　　　B. 私钥　　　　　　C. MD5　　　　　　D. SHA

2. 数字摘要的特点是（　　）。
   A. 无论输入的消息有多长，计算出来的消息摘要的长度总是固定的
   B. 一般只要输入的信息不同，对其进行摘要以后产生的摘要消息也不同
   C. 但相同的输入必会产生相同的输出
   D. 消息摘要并不包含原文完整信息

4. 签订采购合同

本任务需要选择供应商—业务部角色进行操作。

在本界面中查看所有加密传输来的采购合同，选择一张采购合同，单击【接收】按钮。

查看制造企业发送的加密信息，输入业务部的私钥，单击【解密】，查看由制造企业设置的对称密钥，单击加密信息中的【解密】按钮。

在右侧滑出框中，输入对称密钥，单击【解密】按钮，单击【发送方公钥】查看公钥，复制公钥，粘贴到下方输入框中，单击【解密】按钮，查看数字摘要，选择在制定数字摘要时使用的 Hash 算法，生成数字摘要，单击【对比】按钮。

对比成功后，查看采购合同明文，在供方企业签字处，填写企业简称进行签字后，单击【上链】按钮。

在弹出的数据上链界面中，输入交易名称，选择交易接收方，在数据权限设置中设置数据权限，单击【上链】即可完成任务。

任务试题

1. 签订合同需要注意以下事项中的（　　）。
   A. 是否标明违约规则　　　　　　　　B. 核验签订合同的数量及金额等
   C. 付款方式及付款规则　　　　　　　D. 质量标准

2. 采购合同与采购申请的以下字段内容一致（　　）。
   A. 商品名称　　　B. 商品单价　　　C. 金额　　　D. 质量

3. 采购合同上需要签字的是（　　）。
   A. 需方　　　　　B. 供方　　　　　C. 不需要签　　　D. 第三方

3.4.5　发货并开发票

讲解内容

区块链发票是采用了区块链技术的电子发票，它实现了区块链和税收治理基于海量数据的完美结合。区块链发票不仅具有简化税收流程、推动税收可持续发展的优点，还能够间接促进国家治理的现代化进程。

2018 年 8 月 10 日，深圳国贸旋转餐厅开出了全国第一张区块链电子发票，宣告深圳成为全国区块链电子发票首个试点城市，这也意味着纳税服务正式开启区块链时代。

采用区块链电子发票，经营者可以在区块链上实现发票申领、开具、查验、入账；消费者可以实现链上储存、流转、报销；而对于税务监管方、管理方的税务局而言，则可以达到全流程监管的科技创新水平，实现无纸化智能税务管理。

与传统发票相比，区块链发票的好处在于，当用线上支付的方式完成一笔交易后，这一笔交易的数据便可视为一张“发票”。而它会通过区块链分布式存储技术，连接消费者、商户、公司、税务局等每一个发票干系人。

这样一张“区块链发票”，每个环节都可追溯、信息不可篡改、数据不会丢失。有了它，你结账后就能通过微信自助申请开票、一键报销，发票信息将实时同步至企业和税局，并在线上拿到报销款，报销状态实时可查。

简而言之，有了区块链发票，不用排队开票，不用手写抬头，不用担心发票不见，不用贴发票，不用线下交单。区块链电子发票样式如图 3-17 所示。

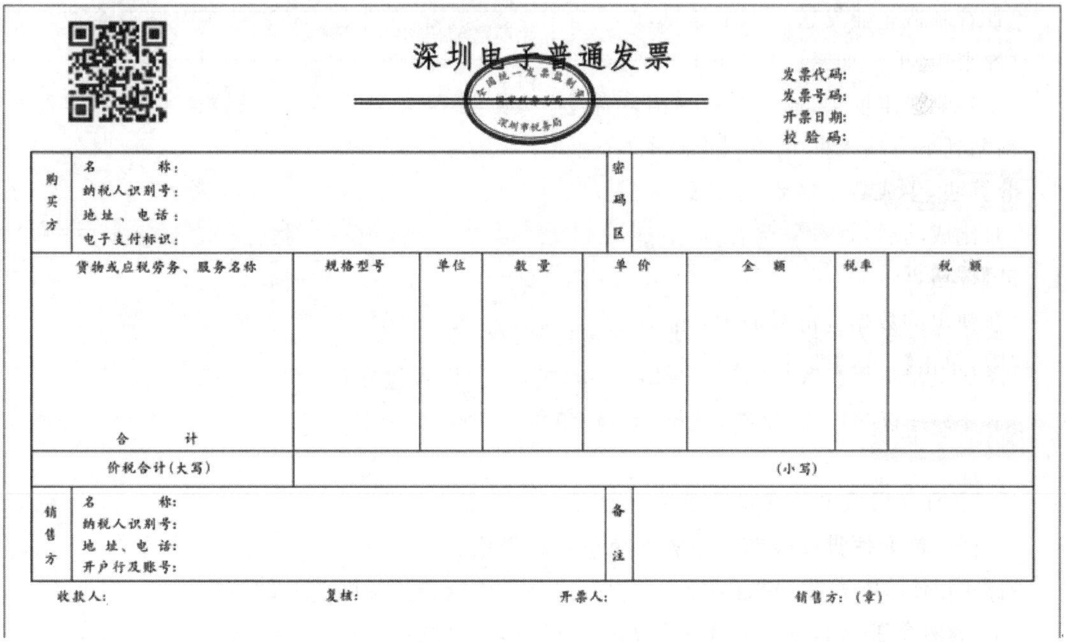

深圳电子普通发票

发票代码：
发票号码：
开票日期：
校验码：

购买方	名称： 纳税人识别号： 地址、电话： 电子支付标识：	密码区	

货物或应税劳务、服务名称	规格型号	单位	数量	单价	金额	税率	税额
合计							
价税合计(大写)	(小写)						

销售方	名称： 纳税人识别号： 地址、电话： 开户行及账号：	备注	

收款人：　复核：　开票人：　销售方：(章)

图 3-17　区块链电子发票样式

区块链电子发票与传统发票的区别如表 3-6 所示。

表 3-6　区块链电子发票与传统发票的区别

项　目	普通增值税电子发票	区块链电子普通发票	备注说明
发票模板名称	增值税电子普通发票	电子普通发票	区块链电子发票未纳入增值税发票的范畴
二维码内容	版本号、发票类型、发票代码、发票号码、日期、金额(不含税)、校验码	版本号、发票类型、发票代码、发票号码、销方统一社会信用代码、日期、金额(不含税)、密文	区块链电子发票增加销方统一社会信用代码和密文
发票代码和号码	增值税电子普通发票的发票代码编码规则:第 1 位为 0,第 2～5 位代表省、自治区、直辖市和计划单列市,第 6～7 位代表年度,第 8～10 位代表批次,第 11～12 位代表票种。发票号码为 8 位,按年度、分批次编制	区块链电子普通发票的发票代码编码规则:第 6～7 位为年份,第 8 位代表行业种类,第 9 位代表深圳电子普通发票专属种类类别,第 10 位代表批次,第 11 位代表联次,第 12 位 0 代表物限制金额版。发票号码为 8 位,按全市区块链电子普通发票的开票顺序自动编制	
校验码	20 位	5 位	
机器编码	金税盘/税控盘机器编码	无	区块链电子发票没有硬件加密
密文区	128 位随机字符	66 位随机字母和数字	
明细行	有商品简码	无商品简码	
存储形式	PDF(CA 加密)	PDF	

实训操作

1. 设置世界状态

本任务需要选择供应商——业务部角色进行操作。

详细操作步骤参考"3.4.2 发起采购申请"中的"设置世界状态"。

本任务建议字段为:货物、规格、数量、单价。

2. 供应商发货

本任务需要选择供应商—业务部角色进行操作。

补充说明:需要根据前面业务的过程,选择供应商企业中的业务部角色。

单击【发货】按钮,发货列表中状态变为已发货,复制业务编码,单击【生成发货单】。

在区块链溯源界面中,输入业务编码,单击【查看】,在选择凭证类型中看到当前业务在区块链中已生成的业务单据,从凭证类型中选择用于生成发货单的原始凭证——采购合同,在选择数据来源中选择区块链账本,单击【读取】按钮。

通过查看链上凭据中的采购合同,选中双方确认签字的采购合同,单击【查看】按钮,确认内容无误后,单击【选中为原始凭证】按钮。

补充说明:如果当前溯源人员没有查看采购合同的权限时,将无法使用采购合同生成发货单。

通过溯源采购合同数据,生成的商品发货单将在界面下方显示,确认无误后,单击【确认】按钮。

发货单将在已经保存的发货单中显示,单据上方为业务编码,下方将记录原始凭证的链上交易Hash,确认无误后,单击【发送】按钮,进行上链操作。

在弹出的数据上链界面中,输入交易名称,选择交易接收方,在数据权限设置中设置数据权限,单击【上链】按钮,即可完成任务。

3. 开具区块链发票

本任务需要选择供应商—财务部角色进行操作。

补充说明:需要根据前面业务的过程,选择供应商企业中的业务部角色。

复制业务编码,单击【生成区块链发票】,在区块链溯源界面中,输入业务编码,单击【查看】,在选择凭证类型中看到当前业务在区块链中已生成的业务单据,从凭证类型中选择用于生成区块链发票的原始凭证——采购合同,在选择数据来源中选择区块链账本,单击【读取】按钮。

通过查看链上凭据中的采购合同,选中双方确认签字的采购合同,单击【查看】按钮,确认内容无误后,单击【选中为原始凭证】,下方将生成一张区块链发票,根据采购原材料的种类输入税率(13%),确认发票内容无误后,单击【保存】。

区块链发票将在已开具的区块链发票中显示,单据上方为业务编码,下方将记录原始凭证的链上交易Hash,确认无误后,单击【发送】按钮,进行上链操作。

在弹出的数据上链界面中,输入交易名称,选择交易接收方,在数据权限设置中设置数据权限,单击【上链】即可完成任务。

📋 任务试题

1. 区块链发票的优点是(　　)。

    A. 节省商户时间,大大降低成本

    B. 实时监控发票的开具、流转、报销全流程

    C. 无法弄虚作假

    D. 开具过程简单

2. 一般纳税人涉及销售原材料,则该企业开票的税率为(　　)。

    A. 17%　　　　　B. 9%　　　　　C. 3%　　　　　D. 13%

3.4.6 物流运输

📅 实训操作

1. 设置运单世界状态

本任务需要选择物流企业—业务部角色进行操作。

详细操作步骤参考"3.4.2 发起采购申请"中的"设置世界状态"。

本任务建议字段为：货物、规格、数量。

2. 物流运输货品

本任务需要选择物流企业——业务部角色进行操作。

在界面中查看供应商提交的发货申请，单击【接收】按钮。

补充说明：如果上一步骤中发送发货单使用私钥加密传输，则本步骤需要使用私钥解密查看。

接收完成后，在运输列表中生成一条运输记录，单击【运输】，列表状态变为已运输，复制业务编码，单击【生成物流运输单】，输入业务编码，单击【查看】，在选择凭证类型中看到当前业务在区块链中已生成的业务单据，从凭证类型中选择用于生成运单的原始凭证——商品发货单，在选择数据来源中选择区块链账本，单击【读取】按钮。

通过查看并选中链上凭据中的商品发货单，单击【查看】按钮，确认内容无误后，单击【选中为原始凭证】，下方将生成一张运单，确认运单内容无误后，在运输人处签字，单击【保存】。

运单将在已生成的物流运单中显示，单据上方为业务编码，下方将记录原始凭证的链上交易 Hash，确认无误后，单击【发送】按钮，进行上链操作。

在弹出的数据上链界面中，输入交易名称，选择交易接收方，在数据权限设置中设置数据权限，单击【上链】即可完成任务。

任务试题

运输单填写的注意事项包括（　　）。

A. 收货单位、收货人、联系电话要明确

B. 货物名称、数量、单价要写清楚

C. 不需要注意

D. 送货人签字，以及收货人收到货物时签字

3.4.7　货品验收入库

实训操作

1. 设置世界状态

本任务需要选择制造企业——仓管员角色进行操作。

详细操作步骤参考"3.4.2 发起采购申请"中的"设置世界状态"。

本任务建议字段为：货物、规格型号、数量、单价、金额。

2. 货品验收入库

本任务需要选择制造企业——仓管员角色进行操作。

在界面中查看物流发送的物流运输单，单击【接收】。

补充说明：如果上一步骤中发送发货单使用私钥加密传输，则本步骤需要使用私钥解密查看。

接收完成后，在入库列表中生成一条入库记录，单击【入库】，列表状态变为未入库，复制业务编码，单击【生成入库单】，输入业务编码，单击【查看】，在选择凭证类型中看到当前业务在区块链中已生成的业务单据，从凭证类型中选择用于生成运单的原始凭证——物流运输单，在选择数据来源中选择区块链账本，单击【读取】按钮。

通过查看并选中链上凭据中的物流运输单，单击【查看】按钮，确认内容无误后，单击【选中为原始凭证】，下方将生成一张入库单，确认入库单内容无误后，在仓管员处签字，单击【保存】按钮。

入库单将在已入库的货品中显示，单据上方为业务编码，下方将记录原始凭证的链上交易 Hash，确认无误后，单击【发送】按钮，进行上链操作。

在弹出的数据上链界面中，输入交易名称，选择交易接收方，在数据权限设置中设置数据权限，单击【上链】即可完成任务。

任务试题

1. 验收入库的注意事项包括(　　)。
   A. 入库的数量与合同上的数量是否一致
   B. 检查材料是否有损坏
   C. 不检查直接入库
2. 入库单的含义是(　　)。
   A. 销售实物需要填写的单价
   B. 代表运输中的货物或证明货物已经付运的单据
   C. 对采购实物入库数量的确认，也是对采购人员和供应商的一种监控

3.4.8　提交采购付款申请

实训操作

1. 提交采购付款申请

本任务需要选择制造企业——采购员角色进行操作。

在申请列表中，查看申请记录，复制业务编码，单击【生成付款申请表】。

输入业务编码，单击【查看】，在选择凭证类型中看到当前业务在区块链中已生成的业务单据，从凭证类型中选择用于生成付款申请单的原始凭证——采购合同、区块链发票，在选择数据来源中选择区块链账本，单击【读取】按钮。

选中双方签字的采购合同，单击【查看】确认内容无误后，单击【选中为原始凭证】，选中区块链发票，单击【查看】确认内容无误后，单击【选中为原始凭证】，下方将生成一张付款申请单，确认付款申请单内容无误后，单击【保存】按钮。

补充说明：付款申请单需要两个原始凭证才能生成，一定要逐一选中并单击选中为原始

凭证,否则生成的付款申请单可能存在数据不全的问题。

付款申请单将在已提交的付款申请中显示,单据上方为业务编码,下方将记录原始凭证的链上交易 Hash,确认无误后,单击【发送】按钮,进行上链操作。

在弹出的数据上链界面中,输入交易名称,选择交易接收方,在数据权限设置中设置数据权限,单击【上链】即可完成任务。

▤ 任务试题

某企业合同上的金额是 4 500 元,开具的发票数额是 4 500,则开具的付款申请单上的金额是(   )。

A. 5 900   B. 4 500   C. 2 400   D. 3 000

2. 审核付款申请

本任务需要选择制造企业——采购经理角色进行操作。

在付款申请中,查看申请记录,单击【接收】,在输入框中输入采购员的公钥(在节点信息中查看)进行提交人身份验证。

验证成功后,单击【接收】。

查看采购付款申请单无误后,在部门经理审核处签字确认,单击【通过】按钮。

在弹出的数据上链界面中,输入交易名称,选择交易接收方,在数据权限设置中设置数据权限,单击【上链】即可完成任务。

▤ 任务试题

1. 付款申请单的审核要点是(   )。

  A. 收款人提供的付款信息   B. 合同的价税合计金额

  C. 发票上的价税合计金额   D. 入库单上的金额

2. 付款申请单上填写的是 6 800 元,审核发现合同上标注的是 6 000 元,则部门经理应该(   )。

  A. 打回付款申请单,并询问问题   B. 签字流转支付

  C. 审核通过   D. 修改为正确金额

3.4.9　审核付款申请

⊕ 讲解内容

前面采购部经理审核付款申请的方式是人工审核,本任务中财务经理将使用智能合约的形式进行业务审核,这样能够提高业务效率,节约人力。

智能合约(smart contract)这个术语是于 1995 年由尼克·萨博提出来的。他在发表在自己的网站的几篇文章中提到了智能合约的理念。他的定义如下:"一个智能合约是一套以数字形式定义的承诺(promises),包括合约参与方可以在上面执行这些承诺的协议。"在超级账本中,智能合约就是用户链码。它就像一个能够自动执行的电子合同。

在这个任务中,出现了一个全新的岗位——合约会计,这是未来财务领域可能会出现的一个全新的岗位。在区块链中,财务经理审核业务单据的需求将由合约会计编写成合约,然后部署到区块链中,后续财务经理再审核业务单据时,直接使用合约即可完成审核。

由于前面我们没有创建合约会计岗位,因此现在需要通过区块链快速搭建功能快速创建一个合约会计岗位。

单击【区块链环境搭建】,在组织设置界面选中制造企业,在下方添加一个节点,命名为合约会计,并为合约会计节点创建一个合约会计岗位。

补充说明:合约会计节点设置为记账节点,节点创建完成后左侧才会出现添加用户,合约会计在财务部中。

节点与用户创建完成后,进入通道设置,选中采购业务通道,单击【关联组织节点】,选中合约会计,单击【添加 Peer】将合约会计加入通道中。

📅 实训操作

1. 分析审核要点

本任务是站在采购经理的角度,分析付款申请单的审核要点,并将需要审核的要点记录下来。鼠标移入付款申请单的字段上,单击【设为审核点】。

在审核点详情中出现审核点,依次填写审核描述、审核依据与审核分析(没有内容写无),单击【保存】即可完成任务。

补充说明:本任务的审核分析为开放性任务,没有标准答案,学生可以自由填写,参考表 3-7。

表 3-7　审核点设置参考

序号	审核点	审核描述	审核依据	审核分析
1	用款部门	部门必须是采购部	实务经验	无
2	全称	必须是北京润美制造有限公司	实务经验	财务经理是北京润美的,只能审核本公司的单据
3	税号	北京润美的税号	实务经验	无
4	部门经理审核	采购经理审核通过	无	无

📋 任务试题

付款审核的是(　　)。

A. 部门经理是否签字　　　　　　B. 金额填写是否有误

C. 原始单据是否真实　　　　　　D. 报销用途是否合规

2. 编写智能合约

本任务需要选择制造企业——合约会计角色进行操作。

单击【创建智能合约】,填写合约名称(合约名称不要重复),链码类型选择审核类,单击【添加】。

依据分析审核要点中的分析内容,鼠标移入付款申请单的字段上,单击【设为审核点】,在下方添加条款中,填写审核描述、选择审核类型、选择判定条件,输入审核标准,逐条单击【保存】按钮。

补充说明:依据分析审核要点中的分析内容,这里的合约内容如表3-8所示。

表3-8 合约内容

序号	审核点	审核描述	审核类型	判定条件	审核标准
1	用款部门	部门必须是采购部	组织岗位	等于	采购部
2	全称	必须是供应商企业	企业	企业等于	深圳深亿制塑有限公司(按需修改)
3	税号	供应商的税号	其他	默认通过	税号
4	部门经理审核	采购经理审核通过	组织岗位	等于	采购部

保存的合约条款,将在保存的条目中显示。

单击【提交】按钮,即完成本任务。

任务试题

1. 在 Fabric 中,可以理解为智能合约的是( )。

    A. 用户链码   B. 原始单据   C. 管理员   D. 节点组织

2. 智能合约的提出人是( )。

    A. 博拉美   B. 尼克·萨博   C. 杰克   D. 马云

3. 合约有效性验证

本任务需要选择制造企业——合约会计角色进行操作。

本任务中的合约可以由小组内成员互相审核,在"我提交的合约"中可以查看自己编写的合约与自己提交合约的审核进度。

在需要验证的合约中,单击【验证】,可以验证自己的合约与小组其他成员的合约。

进入验证节点,单击【预执行】,审核成功后,单击【通过】,完成本任务。

4. 合约部署到联盟链

本任务需要选择制造企业——合约会计角色进行操作。

在待部署的智能合约中,选择审核通过的合约,单击【部署】,提示成功后完成本任务。

5. 调用合约审核付款申请

本任务需要选择制造企业——财务经理角色进行操作。

在付款申请中,单击【接收】,查看付款申请单,单击【审核】,单击合约下方的【调用】。

输入财务经理的私钥进行身份验证,身份验证成功后,系统调用合约完成自动化审核。

付款申请单审核通过后,在财务经理审核处签字,单击【上链】。

在弹出的数据上链界面中,输入交易名称,选择交易接收方,在数据权限设置中设置数据权限,单击【上链】即可完成任务。

3.4.10　支付采购货款

🗓 实训操作

1. 设置世界状态

本任务需要选择制造企业——出纳角色进行操作。

详细操作步骤参考"3.4.2 发起采购申请"中的"设置世界状态"。

本任务建议字段为:付款账号、金额(小写)、收款账号。

2. 通知银行付款

本任务需要选择制造企业——出纳角色进行操作。

在审核通过的付款申请单下单击【接收】,查看付款申请单详情,在支付列表中单击【发送结算消息】,提示成功后完成本任务。

3. 支付货款

本任务需要选择银行——银行柜员角色进行操作。

在待转账列表中,单击【转账】,列表状态变为已转账,单击【生成银行回单】,提示成功后,下方出现一张银行回单,确认无误后,单击【发送】。

在弹出的数据上链界面中,输入交易名称,选择交易接收方,在数据权限设置中设置数据权限,单击【上链】即可完成任务。

4. 接收银行回单

本任务需要选择制造企业—出纳角色进行操作。

在已接收的银行回单下单击【接收】,查看银行回单详情,完成本任务。

3.4.11　采购业务会计处理

🗓 实训操作

填制记账凭证

本任务需要选择制造企业——财务会计角色进行操作。

在凭证列表中,查看凭证记录,复制业务编码,单击【记账】,输入业务编码,单击【查看】,在选择凭证类型中看到当前业务在区块链中已生成的业务单据,从凭证类型中选择用于记录记账凭证的原始凭证——区块链发票、银行回单,在选择数据来源中选择区块链账本,单击【读取】按钮。

选中区块链发票,单击【查看】确认内容无误后,单击【选中为原始凭证】,选中银行回单,单击【查看】确认内容无误后,单击【选中为原始凭证】,下方将出现一张记账凭证,依据原始凭证填写记账凭证后,单击【保存】。

补充说明:记账凭证需要自己填写,根据选择的原始凭据不同,记账凭证的填写内容也不同。

(1)当财务部门收到供应商的发票和其他单据但未付款,将其与验收报告、采购订单进行核对无误后,编制记账凭证如下。

借:原材料

　　应交税费——应交增值税

　贷:应付账款——供应商

(2)到付款日期时,财务部门在未收到发票的情况下完成向供应商的付款,同时编制记账凭证。

借:应付账款——供应商

　贷:银行存款

(3)到付款日期时,财务部门依据发票内容完成向供应商的付款,同时编制记账凭证。

借:应付账款——供应商

　　应交税费——应缴增值税

　贷:银行存款

任务试题

1. 购买的原材料没有付款已收到货物的分录涉及( )。

A. 原材料　　　　B. 银行存款　　　　C. 应付账款　　　　D. 应交税费

2. 购买的原材料已付款未收到货物的分录涉及( )。

A. 原材料　　　　B. 银行存款　　　　C. 应付账款　　　　D. 在途物资

3.4.12　构建采购模型与实训报告上传

讲解内容

业务体验已经完成,现在我们开始总结一下整个业务体验中使用到的区块链技术并填入区块链模型中,一般区块链都是六层架构。

数据层:封装了底层数据区块的链式结构,以及相关的非对称公私钥数据加密技术和时间戳等技术,这是整个区块链技术中最底层的数据结构。

网络层:包括 P2P 组网机制、数据传播机制和数据验证机制等。

共识层:封装了网络节点的各类共识机制算法。

激励层:将经济因素集成到区块链技术体系中来,包括经济激励的发行机制和分配机制等。

合约层:封装各类脚本、算法和智能合约,是区块链可编程特性的基础。

应用层/接入层:封装了区块链的各种应用场景和案例。

实训操作

1. 构建采购业务模型

在组件库中单击【添加】,输入业务体验中遇到的技术知识点,单击【确定】,将添加的组件拖入到对应的架构中,如图 3-18 所示。

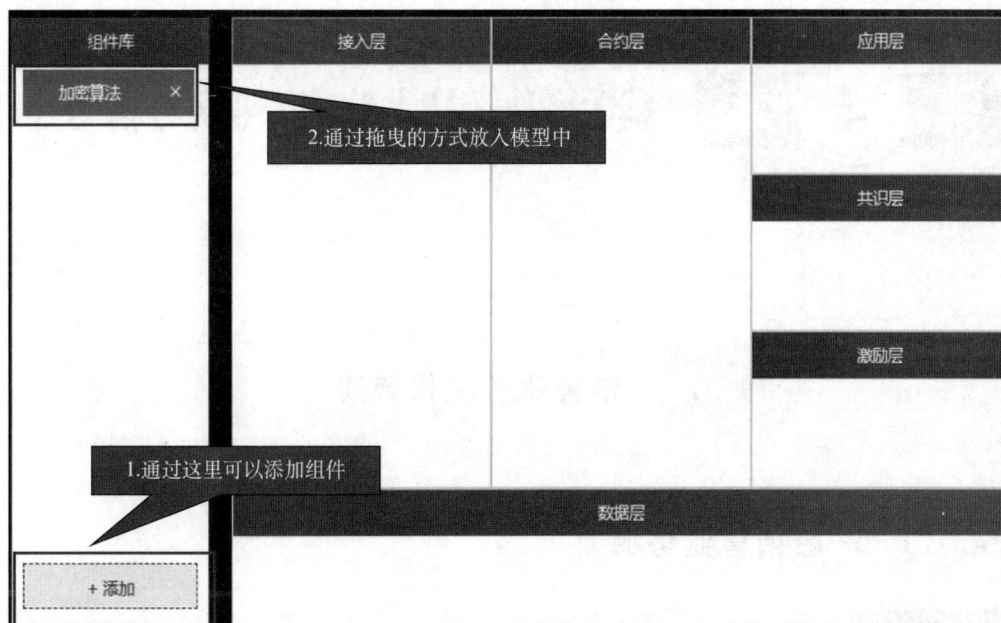

图 3-18　构建采购业务模型操作界面(1)

补充说明:模型参考图 3-19。

图 3-19　构建采购业务模型操作界面(2)

2. 上传实训报告

单击上传成果,将实训报告上传到平台中。

4.1　销售业务现状解读

4.1.1　一般销售业务解读

讲解内容

1. 销售概述

随着我国市场经济的发展,销售已成为企业经营中越来越重要的一环,是企业价值实现的重要手段。

在商业信用环境下,企业大部分销售活动表现为赊销,即在产品与服务的提供和货款收取之间存在一定的时间差,因此多数企业销售活动涉及两个典型的业务相关步骤。

(1) 物流流动过程。由企业向买方转让产品或提供服务,将生产的产品发送给购货单位,这是企业经营活动的一个重要环节。

(2) 融资过程。企业通过销售活动获取收入,将产品转化为现金或应收账款,用于补偿为生产产品而消耗的生产资料、人力资源成本、税金及其他费用,形成企业利润,确保企业的生存和发展。在市场经济条件下,企业只有以销售为龙头,灵活组织生产,才能有强大的生命力。因此,通过对企业销售数据的科学分析,为企业经营管理者提供可靠、合理的决策依据,是企业管理的重要方面。

2. 一般销售流程

(1) 客户通过电话、邮件或上门洽谈购货意向,销售业务员根据商品价格政策给客户提供销售报价,双方进行协商,洽谈销售合同。销售部门据以填制销货通知单,引发其他销售作业步骤。

(2) 销售部门请求信用审核部审核客户信用状况(如果不在已有客户名单内,需要考虑将客户信息添加至客户名单中),批准是否可以赊销,以及对每个客户已授权的信用额度进行赊销审批,通过审核后正式签订销售合同。企业根据销售合同安排生产。

(3) 销售部门将经过批准的多联式销货通知单及其他销售交易资料分送仓储、发运和开单等部门。

(4) 发运部门根据已批准的销货通知单,安排从仓储部提货、包装和发运货物,并把发运汇总资料转送开单部门。

（5）开单部门核对销货通知单与发运汇总单据，依据销售合同、企业的产品价格目录资料，开出销售发票和提货单给客户（列明销售物品品种、数量、价格、运费、税金项目、销售折扣和付款方式等），然后把发票的副联转送财会部门。客户以销售发票为凭据办理销售结算；客户持提货单可到仓库部门提取商品。

（6）财会部门编制会计凭证。记录销售过程，严格区分赊销和现销业务，并按销售发票编制转账凭证或现金、银行存款收款凭证，再据以登记销售明细账、应收账款明细账及现金、银行存款日记账，反映现金、应收账款及销售情况。

（7）财会部门确认、计量并记录销售成本。根据存货计价方式和所销售商品数量，计算销售商品成本，编制转账凭证，再据以登记销售成本明细账和库存明细账。

（8）仓储部门依据相关部门转来的销售资料登记商品账簿，反映库存发出的数量情况。

（9）办理和记录销货退回业务。对于客户的退货事件，企业需要开具红字销售发票冲减原来已经确认的销售业务，财务部根据红字发票退还客户货款，并冲减已经确认的销售收入、销售税金及销售成本。仓库部门确认收回所退商品，并用红字登记库存账。

（10）坏账管理。根据企业应收账款状况和提取坏账准备的相关制度，及时准确提取坏账准备。对于确实无法收回的货款，获取货款无法收回的确凿证据，经审批后，注销这类坏账。对坏账计提、发生与收回编制会计凭证。

3. 销售必知的会计知识

不同类型的企业销售活动不完全相同，对应的会计核算也有区别。具有典型意义的两类企业是工业企业和商业企业。以下内容以工业企业为主。

（1）销售收入的核算

销售收入是企业因向客户提供产成品、商品或服务而获得的收入。企业应当在发出商品、提供劳务，同时收到价款或索取价款的凭据时，确认销售收入实现。工业企业取得的销售收入在"主营业务收入"科目中核算。该科目核算企业销售产成品、自制半成品和提供工业性服务所产生的收入。对发生的销货退回应冲减本期的销售收入。企业销售过程中发生的销售折扣和折让也应作为本科目的抵减项目处理。企业发生的材料销售、包装物的出租和运输等非工业性服务收入在"其他业务收入"中核算，不记入"主营业务收入"科目。

（2）销售费用的核算

销售过程中发生的费用包括运输、装卸、包装、保险、展览费、广告费等，在"销售费用"科目中核算。

（3）销售成本的核算

企业在确认销售收入的同时，确认销售成本。工业企业和商业企业销售成本的核算差别较大。工业企业的销售成本通过产成品结转，而产成品可以采用计划成本，也可以采用实际成本两种不同的方法计算；商业企业的销售成本也有进价核算和售价核算两种不同的方式。这些成本核算方法在会计处理上有较大的区别。销售成本通过"主营业务成本"科目核算。

（4）销售过程中税金的核算

企业在确认销售收入的同时，还需确认相应的销售税金及附加，包括产品税、增值税、营业税、城市维护建设税、资源税和教育费附加。与销售有关的税金及附加在"营业税金及附加"科目中核算。

（5）应收账款的核算

在市场经济条件下，企业为了充分利用商业信用扩大销售，除了通常的缴款付货方式，还采用了灵活的销售方式，如先付货后收款、先付货后分期收款、委托其他单位代销、预收货款后交货等。这些交易方式都会形成企业间的债权债务关系。这些债权债务关系在"应收账款"科目下核算。有些预收货款交易较多的单位设置"应收账款"和"预收账款"科目分别进行核算。采用备抵法进行坏账处理的企业，坏账准备的提取方法由企业自行决定，可以根据应收账款的期末余额按规定百分比计提，也可以使用账龄分析法提取坏账准备金，因此应收账款的核算还应包括坏账准备的计提和对发生的坏账的处理。

综上所述，企业的销售业务核算主要涉及"主营业务收入""主营业务成本""销售费用""营业税金及附加""应交税费——应交增值税""应收账款"及"银行存款"等科目。产品的销售利润通过以上科目进行核算，具体公式如下：

$$\frac{产品(商品)}{销售利润} = \frac{主营业务}{收入} - \frac{营业税金}{及附加} - \frac{主营业务}{成本} - 销售费用$$

销售业务发生后，根据销售发票登记"主营业务收入""应交税费——应交增值税（销项税额）""银行存款"或"应收账款"等账户。月末结转"主营业务成本"和"营业税金及附加"，"销售费用"一般在费用发生时登记。主营业务收入和主营业务成本应按产品品种和规格设置明细账，销售费用则按费用的类别设置明细账。"应交税费——应交增值税"科目可设置三栏账，也可设置多借多贷的多栏账。

对于赊销的情况，可通过"应收账款"核算，该科目按购货单位设置明细账，待收回货款时，再从该科目贷方销账，并进行客户偿债能力和信用的分析及坏账损失的估计。月末结账后编制销售收入、成本、税金、费用、利润汇总表。

打开一般销售业务解读任务，查看任务中的业务流程画布即可完成本任务。

任务试题

1. 以下不包含在销售业务流程中的是（　　　）。

    A. 提出销售需求　　B. 支付工资　　　　C. 办理出库　　　　D. 开具发票

2. 销售货款的结算方式包括（　　　）。

    A. 银行汇票　　　　B. 商业汇票　　　　C. 支票　　　　　　D. 汇兑

4.1.2　分析销售相关企业

实训操作

销售案例如下。

2020 年 12 月 6 日，北京润美制造有限企业销售部销售专员接到多家经销商企业发来的采购订单，销售财务对客户信息进行验证后，依据当前企业的现金流动情况为销售合同的签订提供财务决策条款，经销售经理审核条款可行性后，告知经销商采购部，经销商采购部同意该条款后，进行销售合同的起草，并由润美销售部经理进行确认签字。合同正式生效后，润美销售专员依据合同内容生成销售订单，并告知仓管员进行商品出库，运输完成经经销商仓储部验收入库后，润美财务会计开具发票、完成尾款的回收并完成记账。

依据销售案例,在本任务的画布业务流程名称后方"企业""岗位"下拉框中选择对应的业务企业类型与业务岗位角色,填写完成后,单击下方【保存】按钮,即可完成本任务。

补充说明:通过本任务,我们就确定了与采购业务所有相关的业务企业与业务岗位,详情如表 4-1 所示。

表 4-1　与采购业务所有相关的业务企业与业务岗位

序号	业务步骤	企　业	岗　位
1	筛选采购订单	制造企业——销售部	销售专员
2	核验客户信息	制造企业——销售部	销售部财务
3	制定销售(回款)订单	制造企业——销售部	销售部财务
4	审核销售(回款)订单	制造企业——销售部	销售部经理
5	起草销售合同	经销商——采购部	采购部经理
6	签订销售合同	制造企业——销售部	销售部经理
7	收定金	制造企业——财务部	财务经理
8	生成销售订单	制造企业——销售部	销售专员
9	办理商品出库	制造企业——仓储部	仓管员
10	验收入库	经销商——仓储部	仓管员
11	开具货款发票	制造企业——财务部	财会会计
12	收尾款	制造企业——财务部	财会会计
13	记账	制造企业——财务部	财会会计

📋 **任务试题**

销售业务涉及部门包括(　　　)。

A. 财务部　　　　　B. 销售部　　　　　C. 仓库部　　　　　D. 人力资源部

4.1.3　创建销售业务组织

参考一般采购业务分析,这些任务就是将与销售业务相关的组织与节点在联盟链中进行创建,学生可以直接使用系统提供的快速构建方法进行创建。

单击界面上方的【区块链环境构建】进入快速搭建界面。

在快速搭建界面,单击左侧的【组织设置】,打开企业上链节点,单击右侧上方的【＋】号进行快速企业上链。

在弹出界面中,依次填写企业管理员名称,选择企业类型、企业名称与排序节点后,单击【创建组织】,即可完成企业上链的操作。这里的管理员名称依然建议使用企业简称＋管理员的形式命名。

根据前面我们对销售业务的分析,我们还需要创建的组织信息如表 4-2 所示。

表 4-2　组织信息

管理员名称	组织/机构类型	组织/机构名称	备　注
美迪管理员	经销商	北京美迪电器销售有限公司	经销商企业建议至少创建两个
精益管理员	经销商	山东精益经贸有限公司	

组织创建完成后,根据采购业务分析,我们还需在组织内为每一个岗位人员创建节点,选中创建完成的组织名称,单击"添加 Peer"下方的【＋】号,在弹出的界面中,填写节点名称,选择节点类型后,单击【添加节点】,完成对节点的创建。

节点名称依然建议使用岗位名称,除去在采购业务中也创建的节点,还需创建的节点信息如表 4-3 所示。

表 4-3　节点信息

组织名称	节点名称	节点类型	备　注
北京润美制造有限公司	销售部经理	记账节点	
北京润美制造有限公司	销售专员	记账节点	
北京润美制造有限公司	销售部财务	记账节点	
经销商	总经理	主、记账、锚、背书节点	链上的经销商需创建相同的节点,总经理为默认节点,本手册中包含美迪与精益两家经销商
经销商	采购部	记账节点	
经销商	仓储部	记账节点	

当组织或者节点创建错误时,可以单击组件右上角的【×】号进行删除,但是在任务中创建的组织在快速搭建界面中无法删除,快速搭建界面中创建的组件,在任务中无法删除。

以上节点全部创建完成后,进入下一节进行学习。

4.2　销售业务痛点分析

4.2.1　分解销售业务流程

🌐 讲解内容

一般销售业务现状分析分为 3 个步骤。本任务是在掌握一般销售业务流程的基础上进行,通过使用分解工具对一般销售业务流程进行详细分解。本分析工具一共分为 4 个部分。

流程步骤:在本处依次输入销售业务流程的业务步骤名称,即在一般销售业务流程中分析得出的业务步骤名称。

流程输入:在本处填写当前业务流程发生的前置条件,如审核报销申请单的前置条件为提交报销申请单。

流程输出:在本处填写当前业务将产生的业务数据类型,如提交报销申请单产生的业务数据类型为报销申请单。

设计出发点:在本处填写设计当前业务流程的意义,如设置审核报销申请单的意义是通过审核确认业务发生的合理性。

📅 实训操作

依次填写流程步骤、流程输入、流程输出与设计出发点,单击【＋】号可以增加列,单击【－】号可以删除列,矩阵填写完成后,单击【保存】按钮。

4.2.2　分析销售业务数据

前面我们已经学习了销售业务流程,下面我们需要继续对业务发生时的数据流进行分析,不同的业务步骤中将产生怎样的数据内容,我们可以从业务步骤中使用的业务单据得出结论。通过对业务数据流转的了解,能够帮助我们更好地思考如何使用联盟链更好地满足业务数据流转。

📅 实训操作

本任务需要学生对每一项业务步骤进行分析,说明每一项业务步骤将使用(产生或作为凭据)怎样的业务数据。其中业务数据可以通过业务单据进行数据呈现。分析完成后,将业务步骤与业务单据填写到本任务中的表格中,如表 4-4 所示。

填写完成后,单击【保存】按钮即可完成本任务。

表 4-4　填写内容参考

序　号	业 务 名 称	单 据 名 称
1	筛选采购订单	采购订单
2	核验客户信息	无
3	制定销售(回款)订单	采购订单、回款建议单
4	审核销售(回款)订单	采购订单、回款建议单
5	起草销售合同	采购订单、销售合同
6	签订销售合同	销售合同
7	收定金	销售合同、银行回单(收款单)
8	生成销售订单	销售订单
9	办理商品出库	出库单
10	验收入库	入库单
11	开具货款发票	发票
12	收尾款	银行回单(收款单)
13	记账	记账凭证

📱 任务试题

销售中产生的业务单据包括(　　)。

A. 销售订单　　　　　B. 收款单　　　　　C. 发票　　　　　D. 货品出库单

4.2.3 分析销售业务痛点

讲解内容

本任务是在分解一般销售业务流程的基础上进行的,通过使用痛点分析工具对一般销售业务流程进行详细分析。

本分析工具一共分为 5 个部分。

流程步骤部分,要求在本处依次输入销售业务流程的业务步骤名称,即在一般销售业务流程中分析得出的业务步骤名称。

其余 4 个部分为设计当前流程步骤的目的、原因、时间、方法,每一部分中都存在 3 个问题,在对每一部分的问题经过自己思考或小组讨论后填入答案。

实训操作

按照矩阵提示依次完成填写,单击【＋】号可以增加列,单击【－】号可以删除列,矩阵填写完成后,单击【保存】按钮。

4.2.4 业务区块链化设计

讲解内容

本任务提供了一种区块链解决方案构建的分析方法工具:DCDS 分析矩阵。本任务需要在得出一般销售业务的业务痛点的基础上进行,将存在业务痛点的业务步骤参考一定的标准填入下面的 DCDS 矩阵中,方案矩阵如图 4-1 所示。

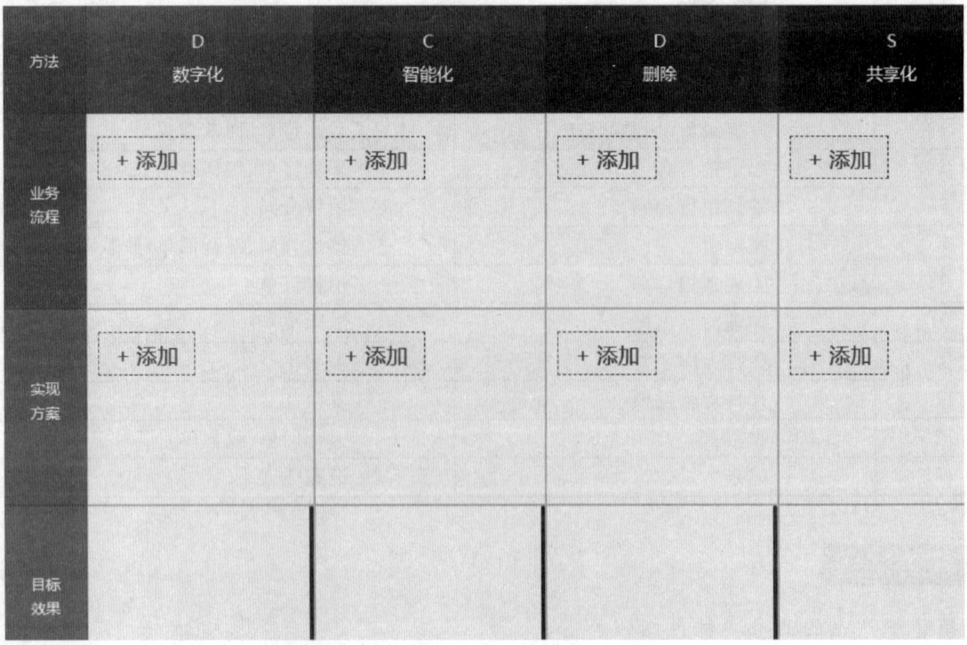

方法	D 数字化	C 智能化	D 删除	S 共享化
业务流程	+ 添加	+ 添加	+ 添加	+ 添加
实现方案	+ 添加	+ 添加	+ 添加	+ 添加
目标效果				

图 4-1 方案矩阵

在本矩阵中解决业务痛点的区块链方法有以下 4 种。

数字化:适用于非必须采用纸质单据的业务流程步骤。

智能化:适用于业务内容能够形成标准化的规则,开展重复性较高,附加价值较低的业务步骤。

删除:适用于不必要的业务流程或能够使用智能化替代的业务流程步骤。

共享化:适用于需要共享资源,业务数据容易出现信息滞后、信息孤岛等问题的业务流程步骤。

结合这些区块链化的方向与前面分析得到的业务痛点,进行小组讨论,讨论现有的业务痛点使用哪种方式进行区块链化最优,将能够解决痛点的区块链技术填入实现方案中,将预期达到的业务效果填入目标效果中。

📅 **实训操作**

在业务流程与实现方案中单击【添加】按钮,在输入框中填写内容单击【确定】按钮,在目标效果里直接输入内容,矩阵填写完成后,单击【保存】按钮。

4.2.5　业务通道设计落地

依据我们对业务数据流转的分析,可将相关的业务数据使用通道进行隔离,由于只有加入相同通道的节点才能实现数据共享,如果我们想要根据数据类型创建通道,那我们就需要对业务数据进行更加详尽的分析,来设计我们需要创建的通道数量,与根据通道存储的数据不同而需要加入的节点。

前面在采购业务中我们只创建了采购业务通道,在本任务中可以鼓励学生进行多通道的设计以完成销售业务的需求,本手册将使用销售业务通道完成对后续操作的讲解,并将设计方案上传至平台。

4.3　构建链上销售环境

📅 **实训操作**

前面我们已经在联盟链中创建了新的组织与节点,现在需要创建新通道,将节点关联用户并加入通道中,用户可以直接使用系统提供的快速构建方法进行创建。

单击界面上方的【区块链环境构建】按钮进入快速搭建界面。

在快速搭建界面,单击左侧的【组织设置】打开组织界面,在上方选中组织,单击组织下方节点旁边的【＋】号,选择对应的部门与岗位后,进行用户岗位的关联。

节点与部门岗位的对应关系参考表 4-5。

表 4-5　节点与部门岗位的对应关系

组 织 名 称	节 点 名 称	部 门	岗 位
北京润美制造有限公司	销售部经理	销售部	销售部经理
北京润美制造有限公司	销售专员	销售部	销售专员
北京润美制造有限公司	销售部财务	销售部	销售部财务人员
经销商	总经理	企业管理部	总经理
经销商	采购部	采购部	采购员
经销商	仓储部	仓储部	仓管员

单击左侧的【通道设置】打开通道关联节点界面,单击【＋】在弹出框通道名称中输入销售业务通道,单击【创建通道】按钮。

选中销售业务通道,单击界面中【关联组织节点】在弹出框中,勾选需要加入销售业务通道的节点,单击【添加 Peer】即完成本操作。

依据上方对销售业务相关方的分析,销售业务通道需要关联的节点如表 4-6 所示。

表 4-6　销售业务通道关联节点

序号	企 　 业	岗 　 位
1	制造企业——企业管理部	总经理
2	制造企业——销售部	销售专员
3	制造企业——销售部	销售部财务
4	制造企业——销售部	销售部经理
5	制造企业——财务部	财务经理
6	制造企业——仓储部	仓管员
7	制造企业——财务部	财会会计
8	制造企业——财务部	合约会计
9	经销商——企业管理部	总经理
10	经销商——采购部	采购员
11	经销商——仓储部	仓管员

关联完成后,单击左侧的【组织设置】打开组织界面,在上方选中新创建的组织,单击右侧【添加 Gossip】,在弹出框中输入 Gossip 名称,勾选下方所有节点,单击【添加 Gossip】按钮。

完成以上操作后,返回任务列表,进入 1-4 创建通道区块链与世界状态任务,选中销售业务通道。

单击任务界面下方的【组件库】按钮,看到"区块链"与"世界状态"两个组件,鼠标左键选中组件,将组件拖曳到界面对应区域,单击【添加】按钮,看到界面中间出现本组件。

单击画布中的区块链与世界状态组件,在右侧滑出框中进行组件配置。

区块链组件基本信息配置建议配置内容如下。

ID:默认。

名称:销售业务通道区块链,可自定义,建议使用"通道名称＋区块链"。

通道选择:销售业务通道,这里根据自己创建的通道进行选择。

单击【生成】按钮,出现一条运行命令,单击命令后面的【运行命令】按钮,系统提示成功后,继续进行世界状态的配置。

世界状态数据库配置建议配置内容如下。

世界状态 ID:默认。

名称:销售业务通道世界状态,可自定义,建议使用"通道名称+世界状态"。

选择通道:销售业务通道,这里根据自己创建的通道进行选择。

只有指定节点访问:true。

单击【生成】按钮,出现一条运行命令,单击命令后面的【运行命令】按钮,系统提示成功后,完成本任务,进入下一节继续完成任务。

4.4　链上销售业务处理

4.4.1　业务数据上链

实训操作

经销商企业信息上链

单击任务名称,选择业务通道,选择能够完成本任务的角色,单击【确认】按钮。

本任务需要选择经销商—总经理角色进行操作,前面如果创建了多家经销商企业,当前任务将看到多个经销商企业的角色选择,本任务需要逐一将经销商企业信息上链。

针对经销商信息,需要上链的信息必须包括营业执照、企业信用等级证书,其中营业执照需要工商局背书,企业信用评级需要银行背书后才可上链。

单击左侧【联盟链工具】按钮,单击【上链认证】按钮打开认证界面。

选择北京招商银行,选择经销商企业、业务通道与需要背书的数据(信用等级),单击【申请上链证书】按钮,获取背书签名,获取成功后,在需要背书的信用评级中出现背书签名。

单击工商行政管理局,选择经销商企业、业务通道与需要背书的数据(营业执照),单击【申请上链证书】按钮,获取背书签名,获取成功后,在需要背书的营业执照中出现背书签名。

获取背书签名后,即可对信用等级证书与营业执照进行上链操作。

在弹出的数据上链界面中,选择业务通道,输入交易名称,选择交易接收方,在数据权限设置中设置数据权限,单击【上链】按钮即可完成任务。

4.4.2　筛选订单

讲解内容

本业务案例的业务背景要求如下。

销售专员接到多个经销商发来的采购订单,本月公司销售策略以发展新客户为主,根据公司销售策略要求,销售专员在筛选客户采购订单时,需要在链上查询当前采购企业的客户身份是否为新客户,满足新客户要求的客户优先处理。

🗓 实训操作

1. 选择采购订单

本任务需要选择制造企业——销售专员角色进行操作。

在待选定的采购订单里查看全部经销商发来的采购订单,单击【确定】按钮。

在右侧滑出框中看到采购订单详情,单击【溯源】按钮,通过在链中溯源与当前企业是否有历史交易记录判定是否为新客户,当溯源到存在交易记录时,则判定为老客户,依据业务要求,不可选定。

单击其他企业采购订单下的【确定】按钮,继续查看采购订单详情,单击【溯源】,判定为新客户时,单击【选定】按钮,选中的订单将在已经选定的采购订单中显示,选中三张订单后,单击【提交】按钮,完成本任务。

📋 任务试题

选择采购订单的依据是( )。

A. 企业的资金   B. 企业的商品库存

C. 对方的采购数   D. 对方的付款方式

2. 核验客户信息

本任务需要选择制造企业——销售部财务角色进行操作。

在已选定的采购订单中,查看三张订单,单击订单下方的【查验信息】按钮。

在弹出框中,选择需要验证的企业信息,确保企业信用程度,勾选所有信息内容,单击【确定】按钮,依次单击客户信息中的【链上查验】按钮,确保企业信息无误后,完成本任务。

补充说明:在核验订单时,注意企业名称,需要选择已加入联盟链的经销商,本文档中有北京美迪与山东精益两家经销商企业。

📋 任务试题

1. 核验客户信息的主要目的是( )。

   A. 验证信息真假   B. 保障商品质量

   C. 企业的信用度

2. 当核验客户信息不一致时应( )。

   A. 继续合作   B. 不合作

3. 制定销售(回款建议)订单

销售财务已经判断出企业的合作对象,在正式开展合作之前,销售财务根据公司资金情

况,给出合同签订时的回款期限建议,保证企业资金的正常运行。注意,天数计算采用 30
天。单击【联盟链工具】中的【组织信息】按钮,在销售部-部门数据中查看企业资金情况。

在客户信息中查看核验客户企业信息记录,选择企业信息均为真的企业,单击【计算汇
款周期】按钮。

在计算汇款周期界面中,在公式编写中填入相关数据,单击【计算】按钮,计算结果将显
示在下方计算结果中。单击【确定】按钮。

补充说明:这里销售部财务需要依据自己公司资金流的情况,给出合适的回款周期,并
在签订销售合同时,做支付合同金额的条款之一,回款周期计算公式如下(保留两位小数,回
款天数向下取整):

应收账款周转率＝当期销售净收入÷(期初应收账款余额＋期末应收账款余额)÷2

应收账款周转天数＝计算期天数(本业务为 30 天)÷应收账款周转率

通过查看企业数据得出:

当期销售净收入＝当期营业收入＝1 485 000

期初应收账款余额＝1 089 000

期末应收账款余额＝792 000

应收账款周转率＝1 485 000÷[(1 089 000＋792 000)÷2]＝1 485 000÷940 500＝1.58

应收账款周转天数＝30÷1.58＝18.99,即 18 天。

计算完成后,单击【选定】按钮,依据选定企业的采购订单,单击【新增】按钮并填写销售
(回款建议)订单,填写完成后,单击【保存】和【提交】按钮。

单击【联盟链工具】中的【组织信息】按钮,在销售部-部门制度中查看企业销售价格,如
图 4-2 所示。

图 4-2　操作界面

任务试题

1. 选择开展业务对象的方法包括(　　)。

A. 通过查看企业商品剩余数量是否满足采购者

B. 通过资金流查看哪家企业的回款符合企业现状

C. 企业的信用度

2. 应收账款周转天数涉及的项目包括(　　　)。

　A. 应收账款　　　　 B. 营业收入　　　　 C. 营业成本　　　　 D. 存货

4.4.3　签订购销合同

实训操作

1. 设置世界状态

本任务需要选择制造企业——销售部经理角色进行操作。

详细操作步骤参考"3.4.2 发起采购申请"中的"设置世界状态"。

本任务建议字段为:需方(甲方)单位名称、供方(乙方)单位名称、货物、规格、数量、单价、金额。

2. 审核销售(回款建议)订单

本任务需要选择制造企业——销售部经理角色进行操作。

查看销售财务提交的销售(回款建议)订单,确认无误后,单击【通过】按钮。

输入销售部经理私钥(在节点信息中查看),单击【签字】按钮,在弹出的数据上链界面中,输入交易名称,选择交易接收方,在数据权限设置中设置数据权限,单击【上链】按钮即可完成任务。

3. 发送销售(回款建议)订单

本任务需要选择制造企业——销售部专员角色进行操作。

单击【接收】按钮,输入审核人(销售部经理)公钥(在节点信息中查看)进行身份验证。

身份验证成功后,单击【接收】按钮,查看订单详情,确认无误后,单击【发送】按钮,在弹出的数据上链界面中,输入交易名称,选择交易接收方,在数据权限设置中设置数据权限,单击【上链】按钮即可完成任务。

4. 起草销售合同

本任务需要选择经销商——采购部角色进行操作。

在销售申请中,单击【接收】按钮,输入提交人员(销售专员)公钥对提交人员身份进行验证,验证成功后,查看订单详情。

单击订单下方的【起草销售合同】按钮,在销售合同中选择供需双方,查看合同条款无误后,在需方处签字,单击【保存】按钮。

在界面下方出现起草完成的销售合同,即完成本任务。

任务试题

下列关于销售合同说法正确的是(　　　)。

A. 在签订合同的时候,要同客户就合同的内容反复协商,达成一致

B. 供需双方全程、签约时间和地点要明确

C. 签订双方均不得以企业性质发生变化等原因终止或违背合同

D. 甲乙双方同意本合同全部条款,如有违约按国家有关法律法规解决

5. 制定数字摘要

本任务需要选择经销商——采购部角色进行操作。

单击【加密传输】按钮,如图 4-3 所示。

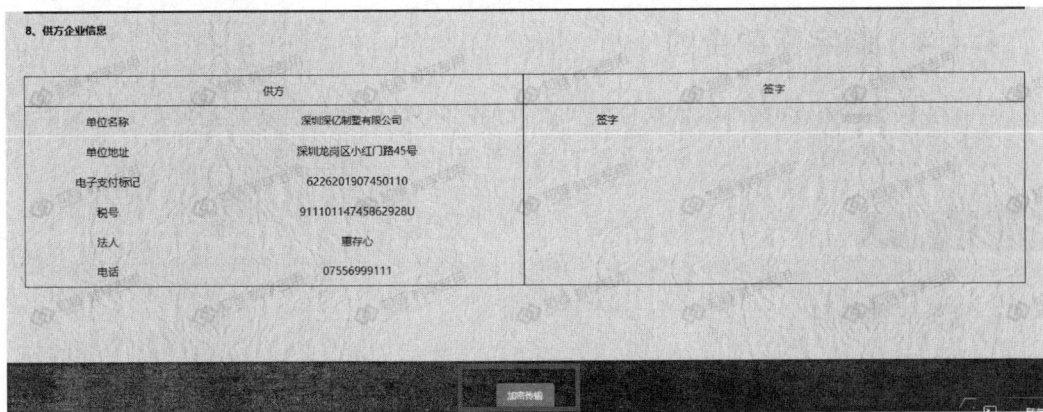

图 4-3　操作界面

选择一种 Hash 算法,单击【运算】按钮,输入经销商采购部的私钥(这里的经销商企业需要是合同中需方企业的采购部),单击【签名】按钮,单击【我的公钥】按钮,在输入框中输入经销商采购部的公钥,单击【确定】按钮,设置一个对称密钥(就是设置一个密码),单击 DES 按钮,输入制造企业销售部经理的公钥,单击【加密信封】按钮,单击【发送】按钮,完成采购合同的加密传输。

在弹出的数据上链界面中,输入交易名称,选择交易接收方,在数据权限设置中设置数据权限,单击【上链】按钮即可完成任务。

任务试题

下列关于数字摘要的说法正确的是(　　　)。

A. 非对称加密是用来处理较长消息的

B. 数字摘要是将任意长度的消息变成固定长度的短消息

C. 数字摘要可以通过私钥解密变成合同原文件

D. 发送方用自己的私用密钥对摘要再加密,这就形成了数字签名

6. 合同签字

本任务需要选择制造企业——销售部经理角色进行操作。

在本界面中查看所有加密传输来的采购合同,选择一张采购合同,单击【接收】按钮。

查看经销商发送的加密信息,输入销售部经理的私钥,单击【解密】按钮,查看由经销商

设置的对称密钥,单击加密信息中的【解密】按钮。

在右侧滑出框中,输入对称密钥,单击【解密】按钮,单击【公钥】按钮查看公钥,复制公钥,粘贴到下方输入框中,单击【解密】按钮,查看数字摘要,选择与上文制定数字摘要任务中生成数字摘要中使用的 Hash 算法,生成数字摘要,单击【对比】按钮。

对比成功后,查看合同明文,在供方企业签字处,填写企业简称进行签字后,单击【上链】按钮。

在弹出的数据上链界面中,输入交易名称,选择交易接收方,在数据权限设置中设置数据权限,单击【上链】即可完成任务。

4.4.4　制定货款合约

针对已经签订完成的合同,依据合同条款,财务部经理将使用智能合约的形式完成对合约定金与尾款的回收,以此可以避免恶意扣款与延迟付款的情况出现。

📅 实训操作

1. 分析支付规则

本任务需要选择制造企业——财务部经理角色进行操作。

依据合同条款分析中给出的提示文字,在输入框中填写对应的内容,填写完成后,单击【保存】按钮。

补充说明:填写内容如下。

定金金额:货款 30%。

支付条件:合同生效 3 天内。

尾款金额:70%。

支付条件:15 天内收到货物与发票后支付。

开票条件:收货后开具区块链电子发票。

违约条件:支付合同金额 30%的违约金。

2. 编写合同支付合约

本任务需要选择制造企业——合约会计角色进行操作。

依据财务经理对合同做出的分析,开始编写智能合约,单击【创建智能合约】按钮,在弹出框中输入合约名称,选择链码类型(这里是资金类),选择甲方企业,单击【添加】按钮。

添加成功后,在合约中添加条款,填写完成后,单击【保存】按钮。

保存的条款将在合约详情中显示,单击【新增】按钮,可以继续添加条款。编写完成后,单击【提交】按钮即完成本任务。

3. 验证合约准确性

本任务需要选择制造企业——合约会计角色进行操作。

本任务中的合约可以由小组内成员互相审核,在"我提交的合约"中可以查看自己编写的合约与自己提交合约的审核进度。

在需要验证的合约中,单击【验证】按钮,可以验证自己的合约与小组其他成员的合约。

进入验证节点,单击【运行】按钮,运行成功后,单击【审核通过】按钮,完成本任务。

4. 合约部署到联盟链

本任务需要选择制造企业——合约会计角色进行操作。

在待部署的智能合约中,选择审核通过的合约,单击【部署】按钮,提示成功后,完成本任务。

5. 调用收款合约

本任务需要选择制造企业——财务部经理角色进行操作。

单击【接收】按钮,查看合同原文。

合同原文出现后,在下方调用合约收款中出现一条调用合约记录,单击【调用合约】按钮,选择一个合约进行调用,输入财务经理私钥进行验证,单击【验证】按钮。

私钥验证成功,出现成功调用的合约内容,单击【确定】按钮。

定金收款成功,收到银行回单,确认无误后,单击【发送】按钮。在弹出的数据上链界面中,输入交易名称,选择交易接收方,在数据权限设置中设置数据权限,单击【上链】按钮即可完成任务。

6. 填制记账凭证

本任务需要选择制造企业——财务会计角色进行操作。

依据上方发生的业务,单击【新增】按钮。

在右侧弹出框中,单击【查看业务编码】按钮,选择用于记录记账凭证的原始凭证——银行回单,复制下方的业务编码。

输入业务编码,单击【查看】按钮,在选择凭证类型中看到当前业务在区块链中已生成的业务单据,从凭证类型中选择用于记录记账凭证的原始凭证。在选择数据来源中选择区块链账本,单击【读取】按钮,选中银行回单,单击【查看】按钮,确认内容无误后,单击【选中为原始凭证】按钮。

下方将出现一张记账凭证,依据原始凭证填写记账凭证后,单击【保存】按钮。

补充说明:因为没有收到发票,科目内容如下:

借:银行存款

　贷:预收账款

4.4.5　生成销售订单并发货

⬛ 实训操作

1. 生成销售订单

本任务需要选择制造企业——销售专员角色进行操作。

在凭证列表中,查看凭证记录,复制业务编码,单击【生成销售订单】按钮,输入业务编码,单击【查看】按钮,在选择凭证类型中看到当前业务在区块链中已生成的业务单据。从凭证类型中选择相应的原始凭证——销售合同,在选择数据来源中选择区块链账本,单击【读取】按钮。

通过查看链上凭据中的合同,选中双方确认签字的合同,单击【查看】按钮,确认内容无误后,单击【选中为原始凭证】按钮,生成的销售订单将在界面下方显示,确认无误后,单击【保存】按钮。

销售订单将在界面下方显示,单据上方为业务编码,下方将记录原始凭证的链上交易Hash,确认无误后,单击【发送】按钮,进行上链操作。

在弹出的数据上链界面中,输入交易名称,选择交易接收方,在数据权限设置中设置数据权限,单击【上链】按钮即可完成任务。

2. 办理商品出库

本任务需要选择制造企业——仓管员角色进行操作。

接收销售订单,单击【出库】按钮。

复制业务编码,单击【生成出库单】按钮,在区块链溯源界面中,输入业务编码,单击【查看】按钮,在选择凭证类型中看到当前业务在区块链中已生成的业务单据,从凭证类型中选择用于生成出库单的原始凭证——销售订单,在选择数据来源中选择区块链账本,单击【读取】按钮,通过查看链上凭据中的销售订单,选中正确的销售订单,单击【查看】按钮,确认内容无误后,单击【选中为原始凭证】按钮。

通过溯源销售订单数据,生成的出库单将在界面下方显示,确认无误后,在仓管员处签字,单击【保存】按钮。

出库单将在界面下方显示,单据上方为业务编码,下方将记录原始凭证的链上交易Hash,确认无误后,单击【发送】按钮,进行上链操作。

📋 任务试题

1. 办理商品出库的依据是(　　)。

　A. 询价函　　　　B. 采购订单　　　　C. 销售订单　　　　D. 入库单

2. 商品出库要做到(　　)。

　A. 出库数量与销售订单和合同上的数量一致

　B. 出库数量与合同和发票上的数量一致

　C. 不需要备注日期

3. 填制记账凭证

本任务需要选择制造企业——财务会计角色进行操作。

依据上方发生的业务,单击【新增】按钮。

在右侧弹出框中,单击【查看业务编码】按钮,选择用于记录记账凭证的原始凭证——出库单,复制下方的业务编码。

输入业务编码,单击【查看】按钮,在选择凭证类型中看到当前业务在区块链中已生成的业务单据,从凭证类型中选择用于记录记账凭证的原始凭证。在选择数据来源中选择区块链账本,单击【读取】按钮,选中出库单,单击【查看】按钮,确认内容无误后,单击【选中为原始凭证】按钮,下方将出现一张记账凭证,依据原始凭证填写记账凭证后,单击【保存】按钮。

补充说明:出库未开发票,科目内容如下。

借:应收账款

　　贷:主营业务收入

　　　　应交税费——应交增值税

📋 任务试题

商品出库需要办理结转涉及的科目是(　　　)。

A. 主营业务成本　　　B. 库存商品　　　C. 原材料　　　　D. 主营业务收入

4.4.6　经销售验收入库

📅 实训操作

验收入库

本任务需要选择经销商——仓储部角色进行操作。

接收销售订单,单击【入库】和【生成入库单】按钮,下方出现入库单即可完成任务。

📋 任务试题

生成入库单需要的单据包括(　　)。

A. 询价函　　　　　B. 出库单　　　　C. 运输单　　　　D. 合同

4.4.7　开具销售发票

📅 实训操作

1. 设置发票世界状态

本任务需要选择制造企业——财务会计角色进行操作。

详细操作步骤参考"3.4.2 发起采购申请"中的"设置世界状态"。

本任务建议字段为:货物、规格、数量、单价。

2. 开具货款发票

本任务需要选择制造企业——财务会计角色进行操作。

复制业务编码,单击【生成区块链发票】按钮,在区块链溯源界面中,输入业务编码,单击【查看】按钮,在选择凭证类型中看到当前业务在区块链中已生成的业务单据,从凭证类型中选择用于生成区块链发票的原始凭证——销售合同,在选择数据来源中选择区块链账本,单击【读取】按钮。

通过查看链上凭据中的销售合同,选中双方确认签字的销售合同,单击【查看】按钮,确认内容无误后,单击【选中为原始凭证】按钮,下方将生成一张区块链发票,根据产品的种类输入税率(13%),确认发票内容无误后,单击【保存】按钮。

区块链发票将在已开具的区块链发票中显示,单据上方为业务编码,下方将记录原始凭证的链上交易 Hash,确认无误后,单击【发送】按钮,进行上链操作。

在弹出的数据上链界面中,输入交易名称,选择交易接收方,在数据权限设置中设置数据权限,单击【上链】按钮即可完成任务。

任务试题

1. 某企业销售的商品税率是 13%,含税金额为 90 400 元,则税额为(　　)。

A. 80 000 元　　　　B. 10 400 元　　　　C. 695 384 元　　　　D. 11 762 元

2. 某企业销售 3 000 件商品,单价为 29 元,则价税合计为(　　)。

A. 3 000×29+(3 000×29×0.13)

B. 3 000×29+(3 000×29×0.17)

C. 3 000×29×0.13

D. 3 000×29×0.17

3. 回收货品尾款

本任务需要选择制造企业——财务会计角色进行操作。

单击【调用合约】按钮,输入财务会计私钥验证调用人身份。

身份验证成功后,出现执行成功的合约条目,单击【确定】按钮。

尾款收款成功,收到银行回单,确认无误后,单击【发送】按钮,在弹出的数据上链界面中,输入交易名称,选择交易接收方,在数据权限设置中设置数据权限,单击【上链】按钮即可完成任务。

4. 填写记账凭证

本任务需要选择制造企业——财务会计角色进行操作。

依据上方发生的业务,单击【新增】按钮。

在右侧弹出框中,单击【查看业务编码】按钮,选择用于记录记账凭证的原始凭证——银行回单、区块链发票,复制下方的业务编码。

输入业务编码,单击【查看】按钮,在选择凭证类型中看到当前业务在区块链中已生成的业务单据,从凭证类型中选择用于记录记账凭证的原始凭证,在选择数据来源中选择区块链账本,单击【读取】按钮,选中银行回单,单击【查看】按钮,确认内容无误后,单击【选中为原始凭证】按钮,下方将出现一张记账凭证,依据原始凭证填写记账凭证后,单击【保存】按钮。

补充说明:尾款已收、发票已开具,另外需要结算销售成本,需要填写三张记账凭证。

借:银行存款

　贷:应收账款

借:预收账款

　贷:主营业务收入

　　　应交税费——应交增值税

借:主营业务成本

　贷:库存商品

📋 任务试题

1. 销售商品未收款已发货,涉及的分录有(　　)。

　A. 应收账款

　B. 主营业务收入

　C. 应交税费——应交增值税——进项税额

　D. 库存商品

2. 销售商品已收款未发货,涉及的分录有(　　)。

　A. 预收账款

　B. 银行存款

　C. 主营业务收入

　D. 应交税费——应交增值税——进项税额

第 **5** 章　基于区块链合约技术的费用报销分析与处理

5.1　企业报销业务详解

本节实训部分主要培养学生使用合约审核不同类型报销业务的能力,在这个过程中启发学生具有全局思考意识,由于实训过程相似程度较高,实训部分只以差旅费为例进行讲解。

5.1.1　费用报销业务详解与财务处理注意事项

🌐 讲解内容

费用报销是会计工作中发生频次最高的事项之一。由于这一工作是不断的简单重复,很多企业都忽视了其重要性。然而,费用报销如同一面镜子,能够反映企业管理的多个层面。此外,费用报销与税务风险如影相随,觉得它简单很可能是源于"无知者无畏"的心态。站在财务部门的立场,做好费用报销工作,能在一定程度上确保会计基础工作的质量。

费用报销是一项不被重视的重要工作,不被重视是因为它规范化高、简单重复,重要是因为它占会计凭证量的70%以上。费用报销是一面镜子,签字流程与权签额度体现了企业的内控水平;发票审核与费用归属可折射出税控风险意识;有无公款私用、贪污浪费可甄别高管的廉政程度;费用动向则能透视公司的运作效能。

费用报销决定了基础财务工作的质量,费用报销是会计人员日常处理最多的事务,占到会计凭证量的70%以上,只要会计把费用报销做规范了,会大大提高基础财务工作的质量。费用报销应重点关注发票合规性、涉税风险、签字手续以及预算。

费用报销时存在"情理法①"冲突,千奇百怪的情由,让提供合法合规的发票成为一件难事,企业利益应维护的是理,会计人员应遵从的是法。当情理法纠结时,费用报销会变得困难,很容易让会计与业务对立。

费用报销时,会计审核应该注意的事项如下:

(1) 发票的合规性,挑出假票、废票;

---

① 情理法,如员工出差吃住没有发票,但是费用真实发生,这就是"情"。由于没有发票报销费用,因此税前不能扣除,这就是"法"。既然费用真实发生了,税务应予以认可,这就是"理"。

（2）报销金额与发票金额是否一致；

（3）权签是否完整；

（4）费用是否在预算内,超预算与预算外费用有无特批；

（5）报销单填写的事项与发票是否一致,会计做账时要随发票走。

费用报销须做到"四统一",即会计分录、凭证摘要、审批单据、发票应保持一致。这样做,一方面保障了会计做账规范,另一方面可以避免税务风险。

常见的费用财务处理注意事项有以下几种。

（1）办公用品发票不是万能的挡箭牌。有些企业通过报销办公用品变相发薪酬、福利,或套现给客户提成,还有企业把不好入账的礼品、服装、烟酒茶等支出开成办公用品发票。因为方便取得,办公用品俨然成了企业费用的垃圾筐,怎么随意怎么装。但要注意,这样做是违法违规的,税务稽查只认实质不认形式,办公费报销光有发票是不行的,金额畸高时,税务可能会按人头匡算办公用品支出。

（2）大额办公费报销不能仅凭发票。办公费是指公司购置纸笔等文具发生的费用,属性很明晰。办公费发票不难开具,比如到超市买东西,一堆东西中只要有几样文具,超市就可以全额开具办公用品的发票。原因在于,超市每月的发票数是有限的,难以每件商品都开发票,为了避免企业钻这个空子,于是税务局要求一定金额以上的办公费必须提供小票。

（3）报销会议费仅有发票是不够的。召开会议一般都会发生餐饮费,这些餐饮费可以计入会议费里报销。但要注意,会议费报销时,需要有足够的证据表明会议确实召开了,而且时间、地点、时长都能对上。现实中有些会议办成了变相休假,开一天,玩两天。这种情况一旦被税务查实,后两天发生的餐饮费是要做纳税调整的。

（4）餐费发票未必都需要计入业务招待费。把餐费计入业务招待费实为无奈之举,因为业务招待费在所得税前扣除时要狠打折扣,以致餐费发票在财务部是不受欢迎的。也有通融之处,如出差时,本人的日常餐费可计入差旅费;公司组织会议时,与会人员的餐费可计入会议费;内部员工聚餐时,餐费可计入职工福利费。

（5）并非交通费都能列支为差旅费。差旅费中不能列支以下内容:①外部人员来公司考察、调研发生的交通费与住宿费,须在招待费中列支;②组织员工旅游发生的费用,须并入员工工资计征个税;③出差时发生的招待客户的费用,须在招待费中列支;④员工探亲发生的交通费,须在职工福利费中列支。

（6）费用报销要杜绝礼品发票。一方面,礼品费容易给人商业贿赂的嫌疑;另一方面,送人礼品,接受者按理要缴纳个税,而实际上个税只能由企业代扣代缴,但难以执行。企业一般不会反算这部分个税计入费用,所以会有偷税嫌疑。另外,礼品费能否在所得税前扣除也要打个问号。

（7）给员工报销费用时应避免出现的字眼:①补助、补贴、津贴;②奖金、奖励、奖品;③礼品、礼金、赠品、赠送;④回扣、返点、提成。这些字眼很敏感,往往和偷逃个税关联。

（8）公交地铁定额发票能作为费用报销凭证吗? 首先,公交地铁充值实际是预付费性质,不代表费用实际发生;其次,公交地铁充值卡在一些商场及快餐店有消费功能,这决定了费用属性存疑。因此,用公交地铁充值发票报销费用,必须说明两点:①报销人为公司事务发生了交通费;②额度在合理区间内。否则,用公交地铁充值发票报销费用会被税务认定为发放薪酬。

(9) 控制招待费的常见手段：定额制、事前审批制。有些企业，招待费多为"吃喝玩乐费"，且往往金额不菲。控制招待费的常见手段是定额制、事前审批制。前者会定下来不同等级的接待标准，后者要求每次吃喝前要获得领导审批同意。两者结合使用，可以有效遏制餐桌上的腐败。有的企业实行了更严格的规定，报销时要求注明接待客人的信息及陪同人员的信息，并提供照片为证。

(10) 写字楼租办公场地，水电费如何入账？物业自身开不出水电费发票，电力公司与自来水公司不会分别给租户开发票。水电费发票只会针对物业一家开具，往往是整栋楼的总额。这等于说大多数情况下租用写字楼不能取得水电费发票。解决这个问题，比较合理的做法有两种：①物业按实际用水、用电量给租户开收据，同时附上自身水电费发票的复印件，物业做代收代付处理；②水电费列入物业费用。

(11) 没有发票如何报销？这个问题涉及两个层面。第一，费用发生了且能提供证据证明的，可以报销，但不得在所得税前扣除。第二，不能提供费用真实发生证明的，除了不能在所得税前扣除，还要分情况处理，如果是内部员工报销，报销款并入薪酬计个税；如果给外部人士报销，视同赠送计个税。

(12) 哪些费用可以没有发票？有人会说折旧费，实际上折旧费有发票，不过发票在之前都记为固定资产了。没有发票的费用大头是员工薪酬，因为税务实在没法要求员工给企业开发票。另外，还有银行贷款利息、手续费、火车票、飞机票、公交车票等，这些机构自制报销凭据，不用每月到税务局申领发票。

(13) 手机话费如何报销？现在的手机号要求实名制，到运营商营业大厅开具话费发票时，发票抬头只能是个人名字。那么问题来了，发票没有公司抬头，很多地方的税务局不予认可。这一难题有个思路可以解决，即由单位统一购买电话充值卡，按制定的报销标准发放给员工。购买电话充值卡时，运营商是可以开具公司抬头发票的。

(14) 预提费用能否税前扣除？一般而言，不能。税务以票控税，哪能让你没拿到发票就先做费用呢。也有例外，如按月预提的贷款利息。年末预提的年终奖如能在汇算清缴前发放，也可税前扣除。在此基础上尚有空间，能否税前扣除还取决于三点：①与税务部门沟通好，得到税务部门的认可，这是关键；②费用终将真实发生；③在汇算清缴前实际发生了。

任务试题

1. 费用报销时，会计审核应该注意的事项有(   )。

   A. 报销单填写的事项与发票是否一致，会计做账时要随发票走

   B. 不用考虑费用

   C. 报销金额与发票金额不需要一致

   D. 不考虑发票

2. 在本文中，不是常见的费用财务处理注意事项的是(   )。

   A. 办公用品发票不是万能的挡箭牌

   B. 餐费发票未必都需要计入业务招待费

  C.　并非交通费都能列支为差旅费

  D.　大额办公费无须报销

3.　下列选项中,可以没有发票的费用是(　　　)。

  A.　伙食费   B.　运输费   C.　员工薪酬   D.　医药费

5.1.2　规范化报销的基础与必要条件

🌐 讲解内容

1. 规范化资金管理是规范化报销的基础

  没有规范化的资金管理,就无法实现规范化的报销,因为规范化报销是企业资金管理的重要组成部分,是资金管理的末端表象之一。

  任何一个报销业务,都至少要经过提出→核批→办理→登账的基本程序。这个基本程序是规范化资金管理的重要组成部分。在这个基本程序上的参与人都是谁,大家要做什么,该怎么做,要在什么时间做,应当做到什么程度,都需要制定明确的可供大家共同遵守的规范化规则。而这些规则的确立,意味着资金管理具备了实现规范化的制度环境。但是,有了规范化的资金管理制度,还只是实现规范化资金管理的第一步。没有不折不扣地有效落实,无异于废纸一张,也就失去了制度设计的意义。在这一点上,传统国企长期以来做的就相对规范,甚至连粘贴报销的原始凭证都要单独使用一张专用的粘贴单,以使记账凭证更为齐整。从总体上来说,国企的规范化管理对于希望持续健康发展的中小微企业及初创型企业具有一定的借鉴价值。当然,传统国企的规范化资金管理也并非尽善尽美,其中还有一些需要与时俱进的重要的管理细节有待完善。不可否认的是,无论报销管理多么规范,一旦发生资金损失,资金的规范化管理都会变得苍白无力,失去应有的价值。

2. 规范化报销的必要条件

  实现规范化报销,需要以规范化的资金管理为基础。而规范化的资金管理,是以人和制度为必要条件的。这里讲的人,包括企业领导者和财务人员在内的所有与报销有关的人员,既有内部的工作人员,也会涉及需要配合的来自外部关联单位的人员。这些内部参与人不但应当熟知企业报销制度的相关规定,而且应当自觉遵守执行,并听从财务人员的指导。而需要配合的来自外部关联单位的人员,还需要企业接口人员协同指导。没有这些人的有效参与,就根本谈不上规范化的报销。

  下面我们来看一个案例。老刘是某公司的部门领导,单位的财务报销都需要经过他审核签字。有一年的国庆节,在外地读书的宝贝女儿回家了。闲聊之中,女儿让老刘在公司报销她的车票。老刘当场就拒绝了。可是看见女儿很不高兴,最终还是答应了。从那以后,女儿每次回家都把车票工工整整地贴好后交给老刘报销。几年后,老刘退休了,他从办公室搬回一个纸盒子。女儿打开盒子,发现里面装的全是她那些年认认真真贴好的一沓沓车票……

  这个故事主人公老刘的做法就体现了他很强的原则性和自律性,对于制度的落实无疑起到了非常好的作用,但是如果有了能够严于律己、洁身自好的人,却没有适合本企业管理需要的制度,好人也会因陷入杂乱无章的局面而无所适从。另外,即便一个企业具有强大的制度执行力,但如果制度设计天生就存在缺陷,也必然会在强有力的执行中催化和放大这些缺陷。因此,注重制度的顶层设计绝不是一件可以抄来抄去的小事,需要在实用、够用上特别加以重视。规范化的资金管理制度包括管理要求、工作程序和会计手续。这 3 个部分是规范化资金管理制度组成的基本要素,相互关联,缺一不可。有了明确的制度指引和参与人的有效配合,规范化的资金管理才会具有生命力,规范化的报销才能真正落地生根,开花结果。

3. 规范化报销的管理要求

完整的规范化报销管理要求包括 9 个基本要素,即提出目的、适用范围、适用主旨定义、执行层级分工、具体管理要求、报销时间管理、财务处理、违规责任、生效执行日期。

(1) 提出目的:企业提出管理要求后,应当告知被管理者为什么要提出这些要求,以使相关参与人都能够在获取共识的基础上配合实现管理要求。例如,为了规范和加强企业费用支出的管控,或为了建立和维护付款报销工作秩序等。

(2) 适用范围:企业提出的管理要求,应当明示对于什么地方的什么人适用。这涉及各级管理者行使职权的判断依据。尤其是设有不同工作地点的企业,就更有必要了。而适用人也需要有明确的范围,无须涵盖所有人员(除非确实需要所有人遵从执行)。例如,适用地区适用于直辖市地区;适用于华南、华东地区;适用于各省会城市等。适用人员或部门适用于采购和销售人员;适用于公关和行政人员;适用于经理级以上管理人员;适用于市场营销系统人员等。适用事项适用于因公付款报销、因公预借款报销;适用于差旅费、市内交通费、业务招待费、水电费的报销等。

(3) 适用主旨定义:在提出适用范围的基础上,还需要对适用事项的主旨赋予明确定义,以使相关人员能够理解管理要求所围绕的主旨是什么,并对整个管理要求、工作程序和会计手续加以框定。例如,本制度所称付款报销,是指公司工作人员为执行工作任务所发生的付款和报销行为。

(4) 执行层级分工:对于规模较大、层级或分支机构较多的企业来说,需要明确各层级在执行管理要求时分别负责的主要事项。例如,总公司实行付款报销垂直管理体制,由结算中心负责整体系统管理,各分公司财务部负责组织落实和按规定报告等。

(5) 具体管理要求:这是整个管理要求内容最为丰富的部分,非常重要。在提出具体管理要求时,务必要紧密结合本企业的具体情况。例如,付款报销业务的类别和特点,相关人员的规模,涉及机构的设置,结算方式等。

(6) 报销时间管理:在管理要求中,对报销时间的管理内容必不可少。这是对所有报销参与人进行的事前提示,以便有助于大家做好相关准备,顺利配合完成报销。例如,每周的星期 A 和星期 B 为报销受理日,每月 C 日至次月 D 日不受理报销,每年 E 月 F 日为上年度报销票据受理终止日等。

(7) 财务处理:财务部门作为付款报销的管理机构,有其专业规则可循。在提出的管理要求中,无须过多罗列这些纯粹的专业技术性要求,而要侧重于其在整体的管理功能上。例如,要在什么时间、对什么部门、由什么人、对什么账进行核查,要在什么时间向上级报告哪些信息等。

（8）违规责任：没有责任可追究的管理要求是软弱无力的。这也是不少企业在提出管理要求时常常忽略的内容。但即便定有这些内容，若怠于执行，也是形同虚设。在提出的管理要求中明确了应当怎样、不得怎样以后，就为在实际执行中衡量、评判违规行为提供了制度依据。同时，对于违规行为要承担什么责任，需要在这个要素中明确体现。例如，违反本规定第××条第××项，予以任职缺陷辅导；未按规定的时间办理付款报销申请，予以减发薪酬 100 元/次的惩戒；提交虚假报销凭证的，依照劳动合同约定解除劳动合同等。

（9）生效执行日期：没有明确的生效执行时间，会给未来可能发生异议或纠纷的协调处置预留隐患。这个要素往往会被一些企业忽视。生效执行日期要明确具体到年月日。涉及原有的相关制度，不但应当明确说明二者在生效执行日期上应当遵循怎样的先后排序规则，而且也要明确原有制度废止的时间。例如，本规定自××××年××月××日起执行。××××年××月××日发布的《××××××××》同时废止。

4. 规范化的报销程序

程序节点：规范化的报销程序有 6 个节点，即提出申请、审核、批准、报备核查、报销办理和财务处理。这 6 个节点具有明确的逐点制约关系，排序呈现递进状态。在报销实务中，这 6 个节点的具体参与人有可能出现重合的情形，比如：负责审核人员同时还具有批准报销的权限，这两个节点就会重合在同一个人的身上。报备核查节点具有对报销过程和结果加以检查监督的职能。这个环节对各个环节的真实性、完整性予以核实确认，以及时发现可能的应报未报或虚假报销行为。

程序参与人：自提出报销申请的人员开始，直至完成报销业务的处理，其中需要参与的人员都属于程序参与人。通常，报销程序的参与人包括：①提出报销申请的人员；②对报销理由、金额等事项进行审核的人员；③具有批准报销权限的人员；④具有受理核查报备职能的人员；⑤办理报销付款的人员；⑥进行账务处理的人员。在这些程序参与人中，起决定性作用的是审核批准人员。

节点规则：在每个程序节点上，都应当明确规定出程序参与人需要遵循的规则。这些规则包括：对办理时间的要求，对手续的要求，对向下一个节点转移的要求。

时间要求：常见的报销程序中，往往会忽略对办理时间的要求，以致报销申请人与审核、批准和经办人之间在工作时间上产生冲突，引发误解，甚至影响工作。因此，需要在每一个节点上提出办理的时间要求，以使相关参与人能够做好事先协调安排，提高工作效率。

手续要求：办理报销需要提交哪些票单据，各个节点上的参与人应当对这些票单据进行怎样的处理，同样应当加以明确规定，从而使报销的基础手续合规、齐备，消灭可能出现的后续返工等隐患。

转移要求：每个节点上的参与人，都需要明确知晓在规定的时间内应当将持有的手续移交给谁，需要办理怎样的移交手续。这个内容在一些企业中常以口头告知的方式相传，以致说的人难免说得不全、不细，听的人可能以为懂了，或者似懂非懂又不好意思问，甚至产生歧义。在一些企业中，这种做法事实上大家已经习以为常、熟视无睹了，并不知道正在人为地降低工作质量和工作效率。

5. 规范化的报销手续

规范化的报销手续,简单来说,包括付款的原始凭证、原始凭证附件和记账凭证三个部分。这三个部分的票据成为会计记账和开展核算的法定依据。缺少原始凭证和记账凭证,或者原始凭证、记账凭证的内容违反法律法规相关规定,都是不合法的。而申请审批单据、记账凭证和账目记载的业务摘要、会计分录及发票的相关内容如果不一致,则会埋下涉税隐患。财务人员对此应当保持警觉。

原始凭证:对普通人而言,所谓原始凭证,简单地说就是由收款人开具的,交给付款人的表明已收款的书面凭证。例如,乘坐火车的车票、购买空调的发票等。由于这个书面凭证是最初完成钱款交接转移的凭证,具有原始特征,因此,被财务人员形象地称为原始凭证。当然,从会计业务的角度来说,原始凭证不止这些。原始凭证是进行报销、记账、核算的法定凭证。因此,必须真实、合法、完整、有效,不能涂改和污损。

原始凭证附件:稍微具有一点规模的企业在办理报销时,都不会只凭一张发票就给钱的。为了证明是符合规定的,往往还会另外配置用于履行内部申请、审核、批准程序的单据。这类费用报销单据虽然在市面上可以很容易就能买到,但因格式的总体设计过于通用,对于很多的企业来说难以满足内部管理的需要。所以,根据自身管理需要而设计、使用的内部流程票单据就很有必要。不管是从市面上买的费用报销单据,还是自行设计的内部报销单据,都将被用来证明付款报销的合法性、合规性,因此都属于原始凭证的重要附件。另外,支票存根、合同、协议、上级单位的批准文件、汇总清单等与原始凭证内容相关的资料,也属于原始凭证的附件。这些附件都会成为不可或缺的法定凭证,成为记账凭证的组成部分,随同记账凭证一起归入会计档案。

记账凭证:记账凭证有会计行业的通用固定格式,在全国都是一致的。这种凭证对于非会计人员来说,在办理报销业务时不需要参与填写。记账凭证顾名思义是用来记账的凭证。它是由会计人员根据审核无误的原始凭证和附件,按照业务内容进行归类,再根据会计规则填制的会计凭证,以便更有条理地登记账目和开展核算工作。

任务试题

1. 规范化的报销手续,简单来说,包括付款的原始凭证、原始凭证附件和( )三个部分。这三个部分的票据成为会计记账和开展核算的法定依据。

  A. 记账凭证   B. 记账凭证附件

  C. 单据凭证   D. 票据凭证

2. 规范化报销的必要条件是( )。

  A. 需要财务人员来核实

  B. 需要以规范化的资金管理为基础

  C. 制度规定不用完全了解

  D. 不需要企业接口人

3. 规范化的报销程序有 6 个节点,即提出申请、审核、批准、报备核查、报销办理和财务处理。这 6 个节点具有明确的逐点制约关系,排序呈现( )。

  A. 递减状态   B. 停滞状态   C. 递进状态   D. 加速状态

5.1.3　任务

费用报销均为制造企业内部员工参与进行的业务,任何人都有可能提交报销申请。因此,在业务角色分析画布中,可以直接从财务部门审核报销单开始填写,财务部门一般由财务经理审核报销单,出纳通过银行支付报销款、财务会计记账。

5.2　构建链上费用业务环境

5.2.1　任务

在本任务中,我们需要创建费用业务通道,将制造企业与银行节点加入通道中,学生可以直接使用系统提供的快速构建方法进行创建。

单击界面上方的【区块链环境构建】按钮进入快速搭建界面。

在快速搭建界面,单击左侧的【组织设置】按钮打开组织界面,在上方选中组织,单击组织下方节点旁边的【+】号,选择对应的部门与岗位后进行用户岗位的关联。

费用业务是企业内部所有人员都将涉及,截至目前,制造企业岗位我们还需创建的人力资源、人力资源经理两个节点,部门对应如表 5-1 所示。

表 5-1　节点对应部门

组织名称	节点名称	部门	岗位
北京润美制造有限公司	人力资源助理	人力资源部	人力资源助理
北京润美制造有限公司	人力资源经理	人力资源部	人力资源经理

单击左侧的【通道设置】按钮打开通道关联节点界面,单击【+】号在弹出框通道名称中输入销售业务通道,单击【创建通道】按钮。

选中费用业务通道,单击界面中的【关联组织节点】按钮,在弹出框中,勾选需要加入费用业务通道的节点,单击【添加 Peer】按钮即完成本操作。

完成后,返回任务列表,进入 1-3 创建通道区块链与世界状态任务,选中费用业务通道。

单击任务界面下方的【组件库】按钮,看到"区块链"与"世界状态"两个组件,用鼠标左键选中组件,将组件拖曳到界面对应区域,单击【添加】按钮,看到界面中间出现本组件。

单击画布中的区块链与世界状态组件,在右侧滑出框中进行组件配置。

区块链组件基本信息配置建议配置内容如下。

ID:默认。

名称:费用业务通道区块链,可自定义,建议使用"通道名称+区块链"。

通道选择:费用业务通道,这里根据自己创建的通道进行选择。

单击【生成】按钮,出现一条运行命令,单击命令后面的【运行命令】按钮,系统提示成功后,继续进行世界状态的配置。

世界状态数据库配置建议配置内容如下。

世界状态 ID:默认。

名称:费用业务通道世界状态,可自定义,建议使用"通道名称＋世界状态"。

选择通道:费用业务通道,这里根据自己创建的通道进行选择。

只有指定节点访问:true。

单击【生成】按钮,出现一条运行命令,单击命令后面的【运行命令】按钮,系统提示成功后,完成本任务,进入下一章节继续完成任务。

📋 任务试题

1. 策略类型包括(　　)。

    A. 访问　　　　　　　B. 写入　　　　　　　C. 管理　　　　　　　D. 查看

2. 区块与区块连接的数据结构是(　　)。

    A. 单链表　　　　　　　　　　　　　　B. 多链表

5.3　基于智能合约的差旅费报销

5.3.1　原始凭据确认上链

📅 实训操作

包括总经理、采购经理与销售专员确认差旅费并将凭据上链三个任务,选择角色进入任务界面,查看下方报销凭证,单击【上链】按钮,将所有凭证进行上链操作。

选择业务通道,单击【选择通道】按钮,在弹出的数据上链界面中,输入交易名称,选择交易接收方,在数据权限设置中设置数据权限,单击【上链】按钮,记录上链单据的区块 Hash(后续填写报销单时需要使用),即可完成任务。

5.3.2　填写差旅费报销单

📅 实训操作

包括总经理、采购经理与销售专员填写差旅费报销单三个任务,选择角色进入任务界面,依据各个角色上链的原始凭据,填写差旅费报销单,注意事项如图 5-1 所示。

填写完成后,单击【保存】→【提交】→【上链】按钮,在弹出的【数据上链】界面中,输入交易名称,选择交易接收方,在数据权限设置中设置数据权限,单击【上链】按钮即可完成任务。

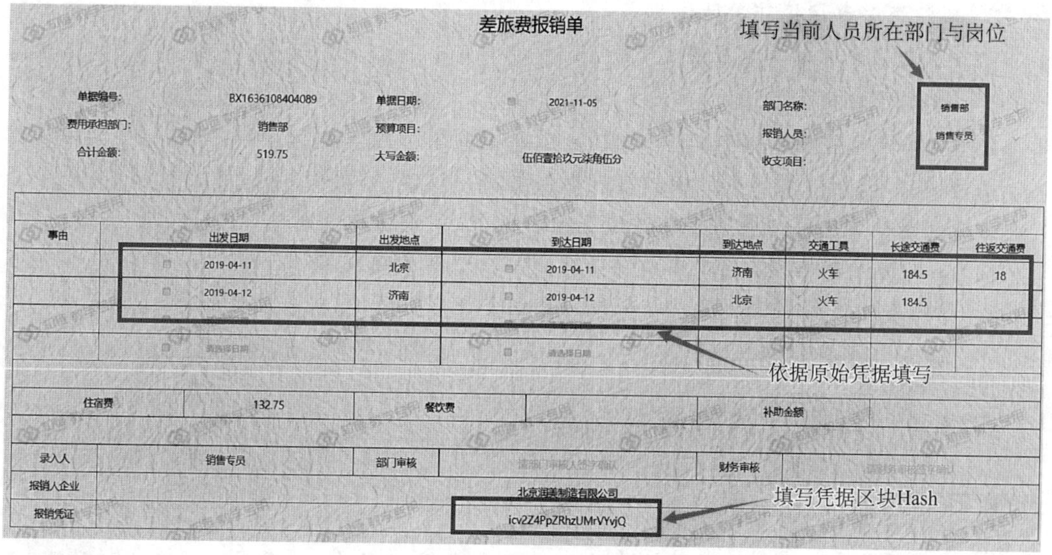

图 5-1　操作注意事项

任务试题

1. 总经理出差乘坐高铁获得报销票 499 元,乘坐出租车获得票据 468 元,住酒店获得发票 468 元,则总经理报销的费用为(　　)元。

    A. 468　　　　　　B. 499　　　　　　C. 967　　　　　　D. 1 015

2. 总经理出差,获得允许报销的票据有(　　)。

    A. 酒店发票　　　B. 高铁发票　　　C. 乘坐出租车票　　D. 购买自动商品

3. 采购经理获得报销的费用总额为 1 932 元,则填写报销单上的金额为(　　)元。

    A. 468　　　　　　B. 1 932　　　　　C. 1 300　　　　　D. 1 015

5.3.3　审核报销单

实训操作

本节包括总经理、采购经理审核报销单两个任务,选择角色进入任务界面,对需要审核的报销单进行审核。

补充说明:一般员工提交的报销单需要部门经理审核,部门经理提交的报销单需要总经理审核后由财务经理审核,总经理提交的报销单直接由财务经理审核。

单击【接收】按钮,查看需要自己审核的报销单,通过原始凭据 Hash 在区块链账本中确认原始凭据与报销单无误后,在部门经理处签字,单击【通过】按钮。

任务试题

1. 以下报销单允许报销的是(　　)。

    A. 小王因与企业签合同出差深圳　　　　B. 小李自己购买的手机

    C. 小王购买办公用品　　　　　　　　　D. 小王购买家用的工具

2. 部门经理审核报销单的依据是（　　　）。

    A. 企业发生的真实业务

    B. 虚假的业务

    C. 不考虑单据的真实性

3. 部门经理审核报销单应该注意的事项有（　　　）。

    A. 报销单填写的事项与发票是否一致　　　B. 不用考虑费用

    C. 报销金额与发票金额不需要一致　　　　D. 不考虑发票

4. 部门经理审核单价发现报销金额与票据金额不一致，应采取的做法是（　　　）。

    A. 签字允许报销　　　　　　　　　　　　B. 驳回，不允许报销

5.3.4　调用合约审核报销单

📅 **实训操作**

    财务经理分析审核差旅费报销单，是站在采购经理的角度，分析报销单的审核要点，并将需要审核的要点记录下来。

    将鼠标指针移入付款申请单的字段上，单击【设为审核点】按钮。

    在审核点详情中出现审核点，依次填写审核描述、审核依据与审核分析（没有内容写无），单击【保存】按钮即可完成任务。

    补充说明：本任务的审核分析为开放性任务，没有标准答案，学生可以自由填写，老师也可依据自己的实务经验引导学生进行填写。

    三项任务均需要选择制造企业—合约会计角色进行操作。

    单击【创建智能合约】按钮，填写合约名称（合约名称不要重复），链码类型选择审核类，单击【添加】按钮。

    依据分析审核要点中的分析内容，将鼠标指针移入付款申请单的字段上，单击【设为审核点】按钮，在下方添加条款中，填写审核描述、选择审核类型、选择判定条件，输入审核标准，逐条单击【保存】按钮。

    保存的合约条款，将在保存的条目中显示，单击【提交】按钮，即完成本任务。

    补充说明：本任务的审核分析为开放性任务，没有标准答案，学生可以自由填写，以满足对所有岗位人员提交的报销单的审核，否则受平台功能限制，学生需要针对不同人员提交的报销申请单，编写不同合约进行审核，建议审核类型使用其他类型，由学生自己详细填写审核描述与审核标准，并组织学生代表上台分享自己的审核想法。

    合约可以由小组内成员互相审核，在"我提交的合约"中可以查看自己编写的合约与己提交合约的审核进度。

    在需要验证的合约中，单击【验证】按钮可以验证自己的合约与小组其他成员的合约。

    进入验证节点，单击【运行】按钮，审核成功后，单击【审核通过】按钮，完成本任务。

    查看待部署的智能合约，选择审核通过的合约，单击【部署】按钮，提示成功后完成本任务。

    财务经理调用合约审核差旅费报销单，需要选择制造企业—财务经理角色进行操作。

    在付款申请中单击【接收】按钮，查看付款申请单，单击【审核】按钮，单击合约下方的【调

用】按钮。

输入财务经理的私钥进行身份验证,身份验证成功后,系统调用合约完成自动化审核。

付款申请单审核通过后在财务经理审核处签字,单击【上链】按钮。

在弹出的数据上链界面中,输入交易名称,选择交易接收方,在数据权限设置中设置数据权限,单击【上链】按钮即可完成任务。

5.3.5　支付报销款

🗓 **实训操作**

出纳支付报销款,需要选择制造企业——出纳角色进行操作。

接收需要支付的报销单,单击【结算】按钮即可完成任务。

银行柜员进行付款并生成银行回单,需要选择银行——银行柜员角色进行操作。

在支付列表中单击【结算】并【生成银行回单】按钮。

确认银行回单无误后,单击【发送】按钮,在弹出的数据上链界面中,输入交易名称,选择交易接收方,在数据权限设置中设置数据权限,单击【上链】按钮即可完成任务。

出纳接收银行回单,需要选择制造企业——出纳角色进行操作。

单击【接收】按钮查看银行回单详情即可完成任务。

5.3.6　填制记账凭证

🗓 **实训操作**

财务会计填写记账凭证,需要选择制造企业——财务会计角色进行操作。

依据上方发生的业务,单击【新增】按钮。

在右侧弹出框中,单击【查看业务编码】按钮,选择用于记录记账凭证的原始凭证——报销单,复制下方的业务编码。

输入业务编码,单击【查看】按钮,在选择凭证类型中看到当前业务在区块链中已生成的业务单据,从凭证类型中选择用于记录记账凭证的原始凭证,在选择数据来源中选择区块链账本,单击【读取】按钮,选中报销单,单击【查看】按钮,确认内容无误后,单击【选中为原始凭证】按钮,下方将出现一张记账凭证,依据原始凭证填写记账凭证后,单击【保存】按钮即可完成任务。

第 **6** 章　基于区块链社会环境的纳税申报

6.1　构建链上税务环境

本章我们需要创建税务业务通道,将制造企业财务相关节点、人社局节点与税务节点加入通道中,学生可以直接使用系统提供的快速构建方法进行创建。

单击界面上方的【区块链环境构建】进入快速搭建界面。

在快速搭建界面,单击左侧的【组织设置】按钮打开组织界面,添加人社局组织与人社局专员节点并关联社保公积金专员。

单击左侧的【通道设置】按钮打开通道关联节点界面,单击【＋】号在弹出框通道名称中输入税务业务通道,单击【创建通道】按钮。

选中税务业务通道,单击界面中的【关联组织节点】按钮,在弹出框中,勾选需要加入税务业务通道的节点,单击【添加 Peer】按钮即完成本操作。

完成后,返回任务列表,进入 1-3 创建通道区块链与世界状态任务,选中税务业务通道。

单击任务界面下方的【组件库】按钮,看到"区块链"与"世界状态"两个组件,鼠标左键选中组件,将组件拖曳到界面对应区域,单击【添加】按钮,看到界面中间出现本组件。

单击画布中的区块链与世界状态组件,在右侧滑出框中进行组件配置。

区块链组件基本信息配置建议配置内容如下。

ID:默认。

名称:税务业务通道区块链,可自定义,建议使用"通道名称＋区块链"。

通道选择:税务业务通道,这里根据自己创建的通道进行选择。

单击【生成】按钮,出现一条运行命令,单击命令后面的【运行命令】按钮,系统提示成功后,继续进行世界状态的配置。

世界状态数据库配置建议配置内容如下。

世界状态 ID:默认。

名称:税务业务通道世界状态,可自定义,建议使用"通道名称＋世界状态"。

选择通道:税务业务通道,这里根据自己创建的通道进行选择。

只有指定节点访问:true。

单击【生成】按钮,出现一条运行命令,单击命令后面的【运行命令】按钮,系统提示成功后,完成本任务,进入下一章节继续完成任务。

6.2　链上纳税数据获取与处理

6.2.1　制定纳税扣款协议

实训操作

解析委托扣款协议,是站在财务部经理的角度,分析委托扣款协议的注意要点,依据协议条款,依据合同分析中给出的提示文字,在输入框中填写对应的内容,填写完成后,单击【确定】按钮。

补充说明:填写内容如下。

甲方:企业。

乙方:开户银行。

丙方:税务机关。

税款确认方:甲方。

扣缴税款依据的条件:根据甲方发起的应缴税款电子信息。

开具凭证的条件:税款划缴成功后。

之所以税款确认方为甲方,是因为在区块链环境中,税务局可以查看制造企业的所有应税记录,并在规定的条件下直接发起扣缴,有企业确认后,直接实现税款缴纳。

编写委托扣款支付合约,需要选择制造企业——合约会计角色进行操作。

依据财务经理对协议做出的分析,开始编写智能合约,单击【创建智能合约】按钮,在弹出框中输入合约名称,选择链码类型(这里是税种),单击【添加】按钮。

添加成功后,在合约中添加条款,填写完成后,单击【保存】按钮。

保存的条款将在合约详情中显示,单击【新增】按钮,可以继续添加条款,参考答案如表 6-1～表 6-5 所示。答案中没有字段的在合约中可以填无。

表 6-1　增值税智能合约填写参考

合约主体	执行对象	合约判定条件	合约执行条件	细分执行对象
丙向甲	纳税申报表	状态	审核通过	
丙向乙	增值税款	状态	确认	
甲向丙	税款	支付	=	增值税
乙向甲	电子缴款付款凭证	开具		

表 6-2　个人所得税智能合约填写参考

合约主体	执行对象	合约判定条件	合约执行条件	细分执行对象
丙向甲	纳税申报表	状态	审核通过	
丙向乙	个人所得税	状态	确认	

续表

合约主体	执行对象	合约判定条件	合约执行条件	细分执行对象
甲向丙	税款	支付	=	个人所得税
乙向甲	电子缴款付款凭证	开具		

表6-3　企业所得税智能合约填写参考

合约主体	执行对象	合约判定条件	合约执行条件	细分执行对象
丙向甲	纳税申报表	状态	审核通过	
丙向乙	企业所得税	状态	确认	
甲向丙	税款	支付	=	企业所得税
乙向甲	电子缴款付款凭证	开具		

表6-4　印花税智能合约填写参考

合约主体	执行对象	合约判定条件	合约执行条件	细分执行对象
丙向甲	纳税申报表	状态	审核通过	
丙向乙	印花税	状态	确认	
甲向丙	税款	支付	=	印花税
乙向甲	电子缴款付款凭证	开具		

表6-5　城建税、教育费附加税、地方教育附加税智能合约填写参考

合约主体	执行对象	合约判定条件	合约执行条件	细分执行对象
丙向甲	纳税申报表	状态	审核通过	
丙向乙	城建税、教育费附加税、地方教育附加税	状态	确认	
甲向丙	税款	支付	=	城建税、教育费附加税、地方教育附加税
乙向甲	电子缴款付款凭证	开具		

编写完成后,单击【提交】按钮即完成本任务。

验证合约准确性,需要选择制造企业——合约会计角色进行操作。

本任务中的合约可以由小组内成员互相审核,在我提交的合约中可以查看自己编写的合约与自己提交合约的审核进度。

在需要验证的合约中,单击【验证】按钮可以验证自己的合约与小组其他成员的合约。

进入验证节点,单击【运行】按钮,运行成功后,单击【审核通过】按钮,即完成本任务。

合约部署到联盟链,需要选择制造企业——合约会计角色进行操作。

在待部署的智能合约中,选择审核通过的合约,单击【部署】按钮,提示成功后完成本任务。

6.2.2　财务会计汇集企业纳税信息

实训操作

汇集企业增值税信息,需要选择制造企业——财务会计角色进行操作。

单击【我要办税】按钮,进入纳税申报界面。

在纳税申报界面,选中增值税,单击【填制】按钮。

打开纳税申报表,在申报表下方单击【填制】按钮,打开区块链溯源界面,选择业务通道,搜索业务编码或者直接选择当前通道下的应税数据,单击【入税】按钮。

在入税界面中,选择企业类型、税种、税率与入税金额,单击【确定】按钮。

入税金额可以通过单击溯源界面中,应税数据中的【查看详情】按钮,查看数据详情,经过计算得出税额。

通过区块链溯源界面,财务会计需要本企业在所有业务通道中产生的应税数据,进行汇集,从而生成纳税申报表,填制完成后,单击【发送】按钮,即完成本任务。

任务试题

1. 视同销售缴纳增值税的有(　　　)。

　　A. 代他人销售货物

　　B. 误将自产、委托加工或购买的货物分配给股东或投资者

　　C. 将自产、委托加工的货物用于职工福利或个人消费

　　D. 将自产、委托加工或购买的货物无偿赠送他人

2. 一般纳税人获取的个人高铁票按(　　　)税点进行抵扣。

　　A. 不能抵扣　　　　B. 15%　　　　　　C. 11%　　　　　　D. 9%

3. 一般纳税人税率由 17% 调整为(　　　)。

　　A. 17%　　　　　B. 10%　　　　　　C. 13%　　　　　　D. 15%

汇集企业城市维护建设税、教育附加税、地方教育税,需要选择制造企业——财务会计角色进行操作。

单击【我要办税】按钮,进入纳税申报界面,单击【填制】按钮打开企业城市维护建设税、教育附加税、地方教育税申报表,填制一般增值税列,填写完成后,单击【保存】和【提交】,即完成本任务。

任务试题

1. 缴纳城市维护建设税的计税依据是(　　　)。

　　A. 个人所得税　　　B. 企业所得税　　　C. 印花税　　　　D. 增值税

2. 需要缴纳城市维护建设税、教育费附加、地方教育费附加的纳税人所在地为城市的税率为(　　　)。

　　A. 2%;1%;3%　　　B. 7%;3%;2%　　　C. 15%;2%;2%　　　D. 3%;3%;1%

汇集个人所得税,需要选择制造企业——财务会计角色进行操作。

单击【我要办税】按钮,进入纳税申报界面,单击【填制】按钮打开个人所得税申报表,单击【导入人员信息表】按钮,查看企业人员信息。

单击【联盟链工具】上的【上链认证】按钮选择人社局,选择企业名称,单击【提交】按钮获取人社局认证签名。

个人所得税的缴纳需要提交五险一金信息,单击申报表中社保区域,输入人社局签名,获取人社局签名认证后,才可正确提交。

📋 任务试题

1. 根据个人所得税法律制度的规定,下列各项中,属于工资、薪金所得项目的是(   )。
   A. 劳动分红   B. 误餐补助   C. 独生子女补贴   D. 差旅费津贴
2. 属于征税内容的有(   )。
   A. 工资、薪金所得   B. 稿酬所得   C. 经营所得   D. 偶然所得
3. 个税专项附加允许扣除的有(   )。
   A. 子女教育   B. 交通费用   C. 继续教育   D. 住房租金

汇集企业所得税信息,需要选择制造企业——财务会计角色进行操作。

单击【我要办税】按钮,进入纳税申报界面,单击【填制】按钮打开企业所得税申报表,依据左侧【财务报表】按钮内容填制营业收入、营业成本与利润总额后,单击【保存】和【提交】按钮,即完成本任务。

📋 任务试题

1. 在计算应纳税所得额时,下列支出不得扣除的是(   )。
   A. 税收滞纳金   B. 被没收财物的损失
   C. 法定比例范围内的公益性捐赠支出   D. 向投资者支付的股息
2. 《中华人民共和国企业所得税法》规定的企业所得税的税率为(   )。
   A. 20%   B. 25%   C. 15%   D. 35%

汇集企业印花税信息,需要选择制造企业——财务会计角色进行操作。

单击【我要办税】按钮,进入纳税申报界面,单击【填制】按钮打开企业印花税申报表,打开纳税申报表,在申报表下方单击【填制】按钮,打开区块链溯源界面,选择业务通道,搜索业务编码或者直接选择当前通道下的应税数据,单击【入税】按钮,在入税界面中,选择企业类型、税种、入税金额,单击【确定】按钮。

入税金额可以通过单击溯源界面中,应税数据中的【查看详情】按钮,查看数据详情,经过计算得出税额。

📋 任务试题

1. 印花税以应纳税凭证所记载的(   )为计税依据。
   A. 金额   B. 费用   C. 收入额   D. 凭证的件数
2. 按义务缴纳印花税的有(   )。
   A. 立合同人   B. 法人代表   C. 立据人   D. 立账簿人

3. 财产租赁合同按金额的(　　)进行计税。

    A. 万分之三　　　　B. 千分之一　　　　C. 千分之五　　　　D. 万分之五

6.2.3　税务局确认纳税信息并缴纳

📅 实训操作

税务专员确认税费信息并缴纳,需要选择税务局——税务专员角色进行操作。

单击【我要办税】按钮,进入纳税申报界面,选中一个税种,单击【审核】按钮。

查看企业提交的纳税申报表,单击【验证入税】按钮,可以查看当前申报表应税数据的原始凭据,单击凭据下方的【验证】按钮。

当前原始凭据入税的项目将在申报表中显示,单击项目名称,可以查看当前入税凭据所在的业务通道与区块交易地址。

复制区块交易地址,在区块链账本中,选择通道,输入哈希值进行搜索,可以找到对应的区块,对凭据数据进行审核,审核无误后单击滑块为真。

依据入税凭据判定申报表无误后,单击【收缴】按钮,调用与当前税种相对应的合约,输入税务专员私钥进行身份验证,验证成功后,进行税款的收缴。

合约调用成功后,出现运行成功的合约条目,单击【确定】按钮。

收缴完成后,出现缴纳税款的银行回单,输入交易名称,选择交易接收方,在数据权限设置中设置数据权限,单击【上链】按钮。

银行回单上链完成,返回纳税列表界面,单击列表中的【完税】按钮,将完税证明上链,在弹出的数据上链界面中,输入交易名称,选择交易接收方,在数据权限设置中设置数据权限,单击【上链】按钮即可完成任务。

其他税种收缴方式与增值税一致,不再详细说明。

6.2.4　记账

📅 实训操作

生成记账凭证,需要选择制造企业——财务会计角色进行操作。

单击凭证列表中的状态为已收缴的记录,单击【记账】按钮,在右侧弹出框中,单击【查看业务编码】按钮,选择用于记录记账凭证的原始凭证—银行回单,复制下方的业务编码。

输入业务编码,单击【查看】按钮,在选择凭证类型中看到当前业务在区块链中已生成的业务单据,从凭证类型中选择用于记录记账凭证的原始凭证,在选择数据来源中选择区块链账本,单击【读取】按钮,选中报销单,单击【查看】按钮,确认内容无误后,单击【选中为原始凭证】按钮,下方将出现一张记账凭证,依据原始凭证填写记账凭证后,单击【保存】按钮即可完成任务。

附件　链上采购业务实训报告

任务 1:链上企业信息维护

1-1 制造企业信息上链

我认为制造企业应该上链的信息包括:

信息名称	信息权限	权限范围
	所有人? 指定人? 公钥?	当信息权限非所有人时,说明能够查看的人员

我认为还需上链的信息包括:

1-2 供应商信息上链

我认为制造企业应该上链的信息包括:

信息名称	信息权限	权限范围

我认为还需上链的信息包括:

任务 2:发起采购申请

2-1 设置世界状态

设置对象	设置内容
采购申请单	采购申请单的字段

2-2 提交采购申请

采购申请单详情：

这里放填写完成的采购申请单的截图(可附页)。

信息权限设置：

这里说明采购申请单上链时设置的数据权限与可以查看的人员名称(非所有人时)。

2-3 审核采购申请

生成数字签名的技术名称为：＿＿＿＿＿＿＿＿。

任务 3：制定采购策略

3-1 查询公式信息

不同供应商针对我需要购买商品数量的折扣价格：

供应商名称	商品名称	折扣价格

3-2 制定采购策略

我选择的供应商：＿＿＿＿＿＿＿＿。

选择本供应商的原因：填写计算过程。

3-3 下达采购任务

采购策略详情：

这里放填写完成的采购策略的截图。

信息权限设置：

这里说明采购策略上链时设置的数据权限与可以查看的人员名称(非所有人时)。

任务 4：签订采购合同

4-1 设置世界状态

设置对象	设置内容
采购合同	采购申请单的字段

4-2 制定数字摘要

采购合同在链上进行加密传输的过程：

步骤名称	本步骤的作用

4-3 签订采购合同

采购合同在链上进行解密查看的过程：

步骤名称	本步骤的作用

我的采购合同：

采购合同的截图

任务 5：发货并开发票

5-1 设置世界状态

设置对象	设置内容
发票	采购申请单的字段

5-2 供应商发货

发货单的业务凭证是：＿＿＿＿＿＿＿＿＿＿＿＿＿＿＿。

发货单业务凭证的区块 Hash：＿＿＿＿＿＿＿＿＿＿＿＿。

5-3 开具区块链发票

当前发票的税率是：＿＿＿＿＿＿＿＿＿＿＿＿＿＿＿。

发票的业务凭证是：＿＿＿＿＿＿＿＿＿＿＿＿＿＿＿。

发票业务凭证的区块 Hash：＿＿＿＿＿＿＿＿＿＿＿。

我的发票：

发票的截图

信息权限设置：

这里说明采购策略上链时设置的数据权限与可以查看的人员名称（非所有人时）。

任务 6：物流运输

6-1 设置世界状态

设置对象	设置内容
运单	运单的字段

信息权限设置：

这里说明采购策略上链时设置的数据权限与可以查看的人员名称（非所有人时）。

6-2 物流运输货品

运单的业务凭证是：＿＿＿＿＿＿＿＿＿＿＿＿＿＿＿。

运单业务凭证的区块 Hash：＿＿＿＿＿＿＿＿＿＿＿。

信息权限设置：

这里说明采购策略上链时设置的数据权限与可以查看的人员名称（非所有人时）。

任务 7:货品验收入库

7-1 设置世界状态

设置对象	设置内容
入库单	入库单的字段

7-2 货品验收入库

入库单的业务凭证是:＿＿＿＿＿＿＿＿＿＿＿＿＿＿＿＿。

入库单业务凭证的区块 Hash:＿＿＿＿＿＿＿＿＿＿＿＿＿＿。

任务 8:提交采购付款申请

8-1 提交采购付款申请

付款申请的业务凭证是:＿＿＿＿＿＿＿＿＿＿＿＿＿＿＿。

付款申请业务凭证的区块 Hash:＿＿＿＿＿＿＿＿＿＿＿＿＿。

任务 9:审核付款申请单

我的审核内容:

这里放在 9-1 分析审核要点任务中填写的审核要点详情的截图。要求:每一个审核点都需要填写一个审核描述。

信息权限设置:

这里说明采购申请单上链时设置的数据权限与可以查看的人员名称(非所有人时)。

任务 10:支付采购货款

10-1 设置世界状态

设置对象	设置内容
银行回单	入库单的字段

任务 11:采购业务会计处理

记账凭证的原始凭证是:＿＿＿＿＿＿＿＿＿＿＿＿＿＿＿。

记账凭证原始凭证的区块 Hash:＿＿＿＿＿＿＿＿＿＿＿＿＿。

我的记账凭证:

记账凭证的截图

任务 12:实操业务总结

12-1 任务总结

业务名称	体现了哪种技术	技术应用效果
发起采购申请		我认为加入本技术带来的好处
制定采购策略		或者我认为加入本技术带来的不方便之处
签订采购合同		
发货并开票		
物流运输		

业务名称	体现了哪种技术	技术应用效果
货品验收入库		
提交采购付款申请		
审核付款申请单		
审核付款申请单		
支付采购货款		
采购业务会计处理		

12-2 采购模型

这里是采购模型的截图。